金子光晴にあいたい

松本亮
聞き手・山本かずこ

ミッドナイト・プレス

目次

装画　金子光晴（個人蔵）

金子光晴にあいたい

金子光晴との出会い

私は南紀州の海辺に育ちました。中学時代は新宮市の祖母の家に預けられたのですが、中学二年の頃、近所に住まいのあった英語の先生の家にたまたま行ったんです。灯火管制時です。黒い幕を垂らした電灯の下で、先生が泉鏡花の『歌行燈』（岩波文庫）の全文を、私ひとりのために朗読してくれたんです。

新宮中学の先生で、名前は中谷忠男といって、詩人です。いまでもご存命で、ちょうど私と一回り違うから数えやすい。いま八十五歳なんですけど（二〇〇一年時点）、詩集をちょいちょい出されるんですよ。彼は私に強い影響を与えたと思いますね。西脇順三郎が好きで西脇さんとも親しかったと思います。それにT・S・エリオットが好きで、一生懸命読んでおられました。そういう先生ですから、その頃の私たちにも一生懸命読ませてくれるんですけど、私たちにはさっぱりわからなかった。それでもお人柄というんでしょうか、いまでもすごく惹かれる先生です。その先生がある日、こんなことを言いました。「この世で大切な芸術は、詩、そして能、外国ものではバレエだよ」と。私はその言葉をずっと覚えていました。もともとは山口県の人ですが、大阪外大の英語科を出たあと、佐藤春夫に憧れて新宮市の中学に赴任したんですね。彼が赴任して最初の教え子が私たちだったんです。だからそんなに年が離れていない。中谷先生の母校である大阪外大に私も進みました。入試は一九四五年三月、米軍の爆撃で校舎は破壊しつくされていましたね。そこでフランス語を学んだ後、東京に出て行ったんです。

当時、金子光晴さんというのは、詩壇じゃ神さまみたいだった。戦後すぐの時期で、いわゆる反戦詩人ということでね。それで、次々と戦争中に書いた詩が出版されていたんです。『女たちへのエレジー』とか『蛾』もそうでしょうし、『鬼の児の唄』とかね。あのへんの重要な詩集が戦後二、三年ぐらいの間に次々出るんですよね。『落下傘』も戦後そうですね。内容からいって、戦争中は出せるはずないですからね。戦争中は『鮫』まででしょう。『鮫』が昭和十二年に出て、でも、これはさっぱり売れなかったようですよ。それから昭和十五年に『マレー蘭印紀行』が出てますけどね。これはけっこう戦争中売れているんですよね。学徒兵なんかが、みんなこの本を持って南方へ行ったらしいですよ。ですからいろんな版が出ているんです。豪華本だとか、ちょっと粗末な本だとか、いろんな形で出ています。でも、奥さんの森三千代さんの本の売れ行きに比べれば微々たるものですけど。あの頃、森三千代さんは売れてましたからね。

もう、金子さんは小っちゃくなっていた。なにしろ、森さんは札束ポンポン出すんですから。金子さんはそれを見て、びっくりしたと言っていましたね。気《き》っ風《ぷ》がいいし、それはまた、いずれこれから出てくる話なんでしょうけど、森さんは非常に強い女性で、非常にしっかりしていました。だから、私なんかから見ると、金子光晴という人は森さんの手のひらの中でまいまいしていたという感じがしますけどね。それぐらい強い人でした。

それでも森さんをやっぱりすごく好きだったんでしょうね、金子さんはね。だからそれが終生つきまとうわけですよ。ただ、戦後、森さんが病気されるでしょ。リューマチです。それで動けなくなるものですから、いろんなことが起こるんですね。それにしても、もともと森さんというのはなかなかの豪傑ですからね。若い頃の森さんと土方定一さんとの話というのは私にはすごくおもしろいし、金子さんの仕事の重大なキーポイントになっていると思われるんです。それはまた、次にお話しするとして、私が初めて金子さんと会ったのは、上京して一年も経たない頃でした。二十三歳頃だと思います。私も詩を書いていましたから、仲間がいて、そのうちの一人がやっぱり金子光晴ってすごいね、っていうふうな話がありまして。それじゃあ、いっぺん詩を見てもらいたいと思ったんです。それで、詩を持って、金子さんに会いに、私一人で行くんですよ。

全然面識も、紹介もなく。私は大学でフランス語を勉強しましたけど、金子さんとはフランス語ということでは接点は全くない。彼がランボーやボードレールを訳したのも、戦後ずいぶんしてからでしたからね。ですから、詩を見てもらいたくて行ったんです。

金子さんは吉祥寺に住んでいましたから、そこにポンと行った。別に電話するわけでもないし、いきなり行くわけですよ。いなきゃ帰ってくればいいんですから。こちらも暇でしたから。金子さんは有名でしたけど、有名な割には暇だったんですね。ですから私の印象では、一番最初に行ったのは昭和二十五年だと思いますが、それから十年くらいは、電話しないでも、金子さんはだいたい家にいたと思います。留守だったという記憶がないんです。

金子さんもけっこう暇だったんですよ。それに金子さん自身は有名な割には貧乏なんですね。だいたい詩なんか、詩の雑誌に書いたって金くれないんだよって、すごく怒っていました。

最初に会ったとき、書斎へどうぞ、と言われて上がっていきました。で、詩を見せるでしょう。黙って見ているんですよ。詩を見てて何も言わない。いいとも悪いとも。なるほど、と言う。じゃ、またいらっしゃい、と。

だから一つ詩を書いちゃ、金子さんに会いに行くんですよ。最初に行って、またいらっしゃいと言うでしょ。次にまた詩を見せに行く。それで金子さんを訪問する理由ができるわけです。詩を書くことによって。それで、また書いたんですけどって言って見せる。すると、またいらっしゃい、と言う。いいとも悪いとも言わないんです。

一時間くらいはいたでしょうか。行って何かをしゃべっているはずなんですけど、さっぱり記憶がない（笑）。一カ月に一ぺんくらいの割合で詩を書いて見てもらいに行きました。二十三歳、二十四歳の二年間に書いた詩が一冊の詩集になっているんですが、それはその時代のものですね。

金子さんが初めてこれはいいと言ってくれたのが「建物と海について」という詩でしたが、それまでは何にも言ってくれなかったのに、この詩を読んだとき、これはこれでいいんだよ、というようなことを言っていました。それは覚えています。第一詩集にも入っています。

松本さんが出された三冊の詩集のすべてに金子光晴の跋文があるんですね。でも、第一詩集の『運河の部分』（西川書店　一九五五年八月刊行）の巻頭に、松本さんは萩原朔太郎の詩を引用されていますね。

私は実はその頃まだ朔太郎が好きだったんです（笑）。金子さんにはやっぱり強い毒気があったんですね。だから、金子さんの影響を受けすぎて私は駄目になったんだと自分じゃ思っているんです（笑）。毒気を受けすぎて、やる気がなくなったんです。やる気をなくさせる人ですよ、金子光晴という人。私にはね。うん、またいらっしゃい、なんて言ってくれているうちはいいんですよ、ほんとはね。それでずっとやってくれればよかったんですけど、そのうち見かねてか、手を入れてくれるんですよ（笑）。そうすると、金子光晴になっちゃうわけですよ。金子光晴という人はそういう意味じゃ、いい先生じゃなかった。ご本人もそう言ってましたけどね。ま、ご本人のそばにいると、金子さんの詩のすごさがよけい身にしみてくるんです。自分だけポッとある人なんですよ。それに一生懸命、人のを直したりするものだから、その生徒は駄目になっちゃう。だから私なんかは、そういう意味じゃ、気がついたときにはもう手遅れだったんです。金子光晴に近づきすぎましたね。そういう気がします。それぐらい毒性の強い人でしたね。その分おもしろかったですけどね。

最初に会ったときに一番印象的だったのは、何かにも書いたと思うんですが、帰りがけに、玄関に出たとき、パッと三和土《たたき》へ裸足で降りて、私の靴をきちっと揃えてくれたということが印象的でした。でもそれは最初だけだったんですけど（笑）。

金子さんは明治二十八年だから一八九五年（十二月二十五日）生まれですね。私とは三十二歳違うんです。そのころ五十何歳なわけですけど、身軽にヒョイヒョイという感じで靴を揃えてくれた。割合に身軽な人でしたね。満員電車でも、スッと入って、スッと座るというのが得意な人だったですよ。それからいつも着物を着ていました。洋服姿というのは、私はめったに見てないくらい。

だいたい着ていた着物は紬《つむぎ》だったでしょうか。寝巻の上にどてらということもあったようですけど。でも、おしゃれでしたね。外出のときなんかはきちんとしたものを着ていた。でも、きちんとしているんだけど、吉祥寺へ行って買い物して、ネギだとか大根なんかを懐へポンとほうり込んでましたね。肉なんかもパッと。絵筆や絵皿なんかも魔法みたいに一つずつ出てきたりしました。

詩を見てもらうときは、一時間くらいいるわけですが、誰とも会わなかった。みんな、金子さんのことはこわい人だと思っていたみたいですよ。当時、反戦の神様でしたしね。本人は全然そうじゃないんですけど。みんな遠慮していたようなところがあるんじゃないでしょうか。だから、私なんかが魚の話に蘊蓄を傾けたりすると、かえって気晴らしになったんじゃないかしら。そんな気がします。

当時、すでに森さんはリューマチで、多くはベッドにおられる状態でしたから、お茶を出すにしたって、金子さんが自分でするんです。初めの頃は応接間で会ったんです。玄関に入ってすぐ左側。そこはけっこう広かったですよ。十畳、それ以上あるかもしれない。狭いという感じはしなかった。高窓があって、普通の窓があって。昔の洋館風なんです。書斎用の大きなテーブルと低いテーブルがあって、作りつけの椅子があった。そのうち、息子の森乾さんが勉強するようになって、彼の部屋になったものだから、金子さんは玄関入ったすぐ右側の、あれは三畳ぐらいだったかしらね。女中部屋というような感じのところを（笑）、自分の書斎にしてましたよ。もう晩年というのは、行くといつもそこだった。そこでゴソゴソといろいろヒソヒソ話をしてたんです。書棚には得体の知れない本が入っていました。読みたいような本なんか、さっぱりなかったような気がしますけどね（笑）。書棚に入りきらない本は積んでありました。いっぱいありましたよ。

あの家は、あったのを買ったんですね。建てたんじゃなくて。三千代さんの名義でした。金子さんにはそんな金なんかない。それで私はもうここから出なきゃいけないんだとか、紀州の田舎はどうかね、なんて言ってたこともありましたね。現在は乾さんも亡くなって、家族が暮らしておられるのでしょう。一度壊して建て直したんですからね。金子さんや森さんが亡くなってからはお邪魔したことないんですけれど。

金子さんとのつきあいは亡くなるまで、二十五年間続きました。一緒に遠出したこともあります。森さんを伊東の方の療養所に預かってもらえるようにと、調べに行ったことがあるんですよ。金子さんに頼まれて一緒に出かけました。私は当時、平凡社に勤めていましたから（昭和四十年頃からちょうど二十年間在籍）、平凡社の寮が下田からちょっと行ったところにあったので、そこに一晩泊まって、その帰りに下田へ出て水族館へ行ったんです。

水族館へ行くと、鮫が泳いでいるんですよ。そのときに金子さんが、いや、鮫が泳いでいるの初めて見たよ、と言うんです。あれだけ『鮫』という詩集書いているのにね（笑）。で、あれっ、いままで鮫って見たことなかったんですかって聞いたら、いや、初めてだ、前にシンガポールの波止場に三十センチぐらいの鮫の子がポッと投げ出されているのを見たことはあるけどね、と。それであの『鮫』を書いているんです。
　映画や何かでは見たことがあったかもしれないけど、本物は下田の水族館で見たのが初めてだったんですね。それで、かえってこっちがびっくりしたという感じでした。昭和四十二年か四十三年くらいのときかな。

松本亮が選んだ一篇①

ニッパ椰子の唄

　赤鏽の水のおもてに
ニッパ椰子が茂る。
満々と漲る水は、
天とおなじくらゐ

高い。

むしむしした白雲の映る
ゆるい水襞から出て、
ニッパはかるく
爪弾きしあふ。

こころのまつすぐな
ニッパよ。
漂泊の友よ。
なみだにぬれた
新鮮な睫毛よ。

なげやりなニッパを、櫂が
おしわけてすすむ。

まる木舟の舷と並んで
川蛇がおよぐ。

バンジャル・マシンをのぼり
バトパハ河をくだる
両岸のニッパ椰子よ。
ながれる水のうへの
静思よ。
はてない伴侶よ。

文明のない、さびしい明るさが
文明の一漂流物、私をながめる。
胡椒や、ゴムの
プランター達をながめたやうに。

「かへらないことが
最善だよ。」
それは放浪の哲学。

ニッパは
女たちよりやさしい。
たばこをふかしてねそべつてる
どんな女たちよりも。

ニッパはみな疲れたやうな姿態で、
だが、精悍なほど
いきいきとして。
聡明で
すこしの淫らさもなくて、
すさまじいほど清らかな

青い襟足をそろへて。

（詩集『女たちへのエレジー』収録）

『マレー蘭印紀行』に書かれたバトパハの魅力

私が初めてマレー半島のバトパハに行ったのは昭和五十年でした。二度目は三〜四年前。その間、あんまり変わらず、何となくにぎやかになっていたという感じですが、まずは落ち着いた町ですね。金子さんが行った当時のバトパハは、港の河口に近いから、荷船がシンガポールやマラッカやクアラルンプールの方へ行くとき、そこを拠点に動くわけで、一つのたまり場だったようです。日本人もたくさんいて、その人たちはバトパハ川を遡った鉱山なんかで働いているというふうなところだったんです。バトパハの日本人倶楽部というところにはただで泊まれたんですよ。

マレー半島というのは、太平洋戦争の当初、そこから日本軍がずうっと南下して、シンガポールへ攻めていったところです。あの頃、銀輪部隊といったんですよね。銀輪というのは自転車です。日本人がマレー半島の北の方に上陸して、それで自転車に乗ってバーッと南へ、シンガポールまで下っていったんですって、銀輪部隊として。道はいいんですよ。ゴムの木だとか、ゴムのプランテーションがいっぱいあって、きれいに植林されています、その周辺はね。いろんな材木を出すための道がちゃんと昔からあったんですね。イギリスがつくったんだと思いますけども。そこを日本軍が自転車に乗って戦場に向かった。

——なにか変ですね（笑）。戦場に向かっているような気持ちは全然しなかったでしょうね。

そうでしょうね、自転車ですとね。道は悪くなかったんですよ。そのバトパハの日本人倶楽部というところは、日本人で鉱山に働く人たちが泊まれるように確保しておいたんじゃないでしょうかね。玉突きがあったんですよ、ビリヤードが。私が最初に行った時は、ビリヤードとピンポンの台が置いてありました。二度目に行ったときには、もうそんなものはなかったですけど。

バトパハという町があることを、金子さんは日本にいたときは知らなかったと思います。そのときは、シンガポールで森三千代さんをパリへ送り出した後なんですね。送り出した後、初めて行くんですよ。バトパハという町は、昭和五十年頃は、シンガポールまでバスで二時間くらいのところなんですね。金子さんが行った頃だって、バスでせいぜい二時間とか三時間くらいで行かれたところだったと思いますよ。今はバイパスができてちょっと様子が違うんですけど。

香港からシンガポールに入った金子さんは、金を稼ぐためにはやはり風景画を描いて、日本人に売るしかなかった。でもはかばかしくは売れない。それはシンガポールでも、その後、出かけたジャワ島のバタビア（今のジャカルタ）でも同じなんですね。森さんがパリに行けたのは、ジャワ島のスラバヤである種肝煎りの新聞社の社長がいて、その彼が金子さんのために展覧会を開いてくれたからなんです。たまたま日本からの船が来ていて、その乗客に宣伝してくれたんですね。そうすると、絵葉書を買うみたいに金子さんの南方の絵を乗客の日本人たちがいっぱい買ってくれたんです。それでまとまったお金が入ったんですよ。そのお金が入らなかった

バトパハの、日本人倶楽部が入っていた建物

（撮影／松本亮）

ら、森さんをパリへやるお金なんていうのはどこででもつくれていないですね。そういう意味では運がよかったんだと思いますけど。ただ、自分も行くほどの金はできなかった。一人分しかないんですね、残念なことに。それで、森さんをシンガポールまで連れていって、シンガポールからパリへ出発させる。金子さんとしてはその後を追いかけていかなきゃいけないんですが、その金をどこで稼ぐかということで、結局シンガポールにいる新聞記者の人たちからいろいろ話を聞いたんでしょうね。そこでバトパハのあたりに日本人がいっぱいいいるという情報を得て、頼っていくわけですね。似顔絵を描かせてもらうわけですよ。似顔絵を描くことでお金を稼ぐんですね。

そのとき、売れるか売れないかというより、似顔絵を描かせてくれるかどうかが問題になるんです。金子さんも本なんかに書いてますけど、やっぱり相当頭を下げて描かせてほしいと頼むんですね。金子さんにとっては大変辛かったと思います。でも、それしかほかに方法がなかった。

一枚いくらくらいだったたでしょうかねえ。もう気は心ですから、チップみたいなものでしょうね。鉱山なんかに勤めている人の中にはわりあい羽振りがいい日本人もいるわけです。写真がかんたんではない頃でしょう。似顔絵で気に入ったら、パッとお金をくれるということはあったでしょうね。

それに金子さんの懐中にあったのは水彩画の道具なんですね。油彩画じゃないから、一発勝負で似顔を描くのがこつでね、似てなきゃ買ってくれないんだ、とは金子さんがよく言ってましたね。

似顔絵以外に、金子さんが春画を描いて売って回ったんじゃないかとよくいわれるんですけど、春画を描いたりすると、つまはじきにされてそのへんにいられなくなる時代なんですね。春画は上海あたりで多少描いてはいたとしても、それを売って歩くというわけにはいかないんです。何かいろんなことで面倒みてくれた人に御礼として春画を描いてあげたとか、その程度にしか春画は描いてないようですね。金子さんも言ってましたけども、人はみんなおもしろがって、私が春画描いて売って歩いてずっと旅していたんだろうと言ってくれるんだけど、そんなことしてたら、とてもじゃないけどあんなところ旅行できないよ、って。

たとえば、その当時のジャワ島なんかでも稼ぎに行っているる日本人がけっこういるわけですね。行商したり。けれどその人たちはちゃんとしたズボンをはいて脚絆を巻いて、背広を着て、ネクタイを締めて帽子をちゃんとかぶって、きちんとした身なりで行商に行かないと、誰も買ってくれないし、相手にもされない時代だった。その当時ジャカルタにいた人たちがそういうふうに話してくれましたけども、それはもうとてもじゃないけど、何か物を売るとかなんとかいうのは、きちんとした格好じゃなきゃ絶対買ってもらえなかった。信用がすべてみたいなそういうところで、やっぱり相当きつかったらしいですよ。それで、ジャワでも絵を、ジャワではバタビアなんかでちょっと時間があって絵を描いたりなんかするんですけど、そんなのでもやっぱり頭を下げてその絵を買ってもらいに行くんですよね。

その当時バタビアにいた人も言ってましたけど、向こうで暮らしている人は、インドネシアの風景描いたって、それはあたりまえだから全然おもしろくもないんですよ。さっきのスラバヤの話ですけれども、それは旅行者が来たからたまたま絵葉書のように買ってもらえたというだけで、住んでいる人にとっちゃそんなジャワの風景なんかより、むしろ銀座か何かの風景の方が喜んで買ったかもしれないというような、そんな状況のようでしたね。

バトパハからクアラルンプールへと、あのへんのことを書いている金子さんの文章で、南方の風景が「荒涼としている」という言葉をよく使っているんです。南方の風物は「荒涼とした風景だ」なんていうようなことを、わりあいちょこちょこと書いている。でも、南方のあのへんというのは、「荒涼とした風景」なんかとはおよそ緑の遠い、なんかウワーッとした、むしろ圧倒されるぐらい緑の多い地域だと思うんですね。だから風景描写というのは、書く人の心を映すということがわかるんです。心象風景としては「荒涼として」いたというふうに書いたということが、やっぱりそれだけ見ても金子さんのあのときの動き方の辛さ、それがやっぱり身にしみるぐらい辛かったんだろうな、という気はしますね。

そのときの旅行では、クアラルンプールを抜けてペナン島へ行くのかな。で、ペナンからスマトラ島へ渡るんですよね。スマトラへ渡ってシンガポールに戻ってくるというコースとっているんですけど、その間、わずか一カ月か一カ月半ぐらいの間ですよ。その後、森さんを追いかけていくんですね。でも、似顔絵を描くぐらいで一カ月か一カ月半ぐらいのうちにそれだけのお金をどうやって稼げたんだろうと思って、そのへんをなんだかんだと聞いたんですけど、それは必ず話をはぐらかしていましたね。何をしたんだろうと思って。いまでも思っています（笑）。しかも旅費だけを工面しただけじゃなくて、パリに着いたら森さんとすごいホテルなんかに泊まっちゃうんですよね。ブーローニュの森かなんかのね。だからそんな金どうやって稼いだんだろうと。『マレー蘭印紀行』に書かれているあのバトパハのたっぷりした描写についてですが、あれはパリからの帰りのバトパハでのしばらくの滞在の時のことを書いたものですね。パリで暮らした後、まず金子さんが先にパリを出発しているんですね。森さんはまだ向こうに残っているんですよ。一人で帰ってきて、森さんとしてはもうそのまま日本まで戻っているかと思っていたらしいんです。そしたら金子さんは日本へ戻らないでシンガポールで降りて、降りた途端にバトパハへ行くんですよ。

よっぽど気に入っていたんですね、バトパハが。きっと、何か心にかかるものがあったんですね。最初バトパハへ行ったときに友達ができたんでしょう、『マレー蘭印紀行』の中にいろいろ書かれているでしょ。あの気の許せる友達がいて、しかもただで泊まれるところがある。それからシンガポールだと何か、その頃はもう華僑による日貨排斥とかいろんな問題がずいぶん出てきているんですね。もうちょっとしたら満州事変が始まる時期でしょ、時期的に。だから日本と中国との間の関係が相当きつくなっている頃ですから、シンガポールにいるとなんか華僑がうるさいというか、身に危険を感じることが多少あるんですね。そういうのをまた金子さんはいやがる人なんですね。それでバトパハまで行けば、日貨排斥とかそういう華僑の思惑みたいなものはまだきてないんです、ほんとに田舎ですからね。それでそこで泊まっていて、どれくらいですかね、何カ月かいるうちに森さんがパリから戻る船の中にいるという情報がまたなぜか入るんですよね。それが入ると金子さんはいっぺんシンガポールへ出る。そこで森さんを神戸までそのまま送って、また戻ってくるんですよね、バトパハへ。よっぽど何か心が落ち着く、いい雰囲気がそこにはあったんでしょうね。

ただ、『マレー蘭印紀行』も、バトパハにいたときに書いたわけじゃないですよ。帰ってきてからですよね、あの中のほとんどの文章は。どういうふうな格好であの町が金子さんに影響を与えたかなんて、非常に難しい問題ですけれどもね。少なくとも『マレー蘭印紀行』はバトパハがあったからちゃんと書けたんでしょうね。あの本はやっぱりバトパハのことを書いた本ですよね。金子さんのその後のいろんな仕事を見ても、『マレー蘭印紀行』のあの散文と『女たちへのエレジー』のあの情感が、最後の仕事までつながっていると言っていいくらいです。だから金子さんに関心をもつ人はいっぺん行くといいですね、バトパハへね。

初めて私が行った頃から較べると、ビルもいくらかは増えているけれども、道筋とかいろんなところはまず変わらないですね。カユ・アピアピ（炎の木。「水にちかく枝を張るこの木をこのんで、夜になると蛍があつまる。蛍火の明滅で、枝なりに梢が燃えているようにみえるので、その名があるのだという」〈『マレー蘭印紀行』より〉）の木もちゃんとありましたし、渡船場もちゃんとあったし、それからバトパハって川に沿ったところに町があるんですけど、そこから車で十五分くらい行けば岬へ出るんですね、端っこへ。そこから見るとマラッカ海峡がバーッと向こうへ広がっているし、そのへんはまだまだ全然さびれた感じのところで、金子さんを思い出しながら歩くには実にいいところです。

バトパハに限らず、南方の川というのはきれいじゃないですよ。要するに汚濁したといいますかね。金子さんの文章では「森のいばり」だと書いてありますけれど、そういう感じ。たっぷりしていて、幅が六〇〜七〇メートルくらいはあるでしょうか。けっこう大きい川ですよ。渡船場のところでもそれくらいはあるんでしょうね。ニッパ椰子が岸辺にいっぱいはえています。それで細い椰子の葉っぱでしょ。それが例えば水に映るでしょ。水に映るとそれこそ金子さんの描写じゃないですけど、女の子の長いまつげが鮮やかにサーッと映っているような、そういう椰子なんですよ、ニッパ椰子というのは。

金子さんの場合、放浪癖というのはそんなにあったとは思えない。もともと、わりあいものぐさですからね。いやおうなしに放浪しちゃったというような感じじゃないでしょうか。だってパリへの旅だってそうでしょ。森さんをパリに連れていかなきゃいけないという目的があったんですよ。そう約束しちゃったもんだから。でも、パリまで行かなくたって上海あたりでいいかと思ったらやっぱりだめだと森さんが言うので、それでまた南方へ出かけていったということですね。

だから、放浪という言葉を使うとしたら、いやおうなしに放浪したということになるんではないかしら。もちろん育ったときから、よそのうちへ養子にやられたということがあるでしょ。だからそういうことで心情的に非常に不安定になったということは本人もいろんなところに書いてますよね。そうしたところからある種の放浪的な、なんかあっち行ったりこっち行ったりというような雰囲気というのは、いやおうなしに背負いこまされたでしょうけどもね。そのときそのときの旅行やなにかには、検証するとそれぞれ理由があって動いていましたよね、はっきりね。それ以降も、吉祥寺に住むようになってからも、いつもちゃんと帰ってきてたようですからね。たとえば二、三日どっかへ行って、金子さんどこへ行ったんだろう、というようなことじゃないですものね。ちゃんと帰ってくるんですよね（笑）。なんかいやおうなしに放浪ということになっちゃったというようなことはあって、それがいろいろ派手で目立つものですから、世間の人は放浪だと思ってくれたかもしれないですけど、そういう人じゃなかったと私は思いますけれどね。

でもよく考えてみると、いわゆる蒸発というようなことを除けば、誰の場合も、放浪というのは、まずこんなものかもしれないですけどね。

バトパハに限らずですけども、金子さんの詩の中でマレー語の表記がすごく多いでしょう。けっこう使っているんですよね、マレー語。それからルビをふっているんですよ。こまでふらなくてもいいと思うくらいルビふってますよね、マレー語でね。で、その読み方にしても、その場で書きとめないと、絶対覚えられるような性質の言葉じゃないですよね。もともとマレー語を勉強した人じゃないし。その場で聞いて、何か自分でいずれ書くときのためにメモをしっかりしてたんですね。

特に若い頃はメモをよくしていたといろんな人から聞いてます。小っちゃなノート持ってメモしてたんですね。秋山清さんもそのこと言ってましたけどね。金子さんという人はすごくメモする人だと。ちょっとした断片的な言葉というのはいっぱい書いていた人だと思いますね。それが結局、後々全部役に立ってくるんですね。思いがけないようなマレー語のルビが、不思議なくらい金子さんの文章見ていると出てきます。で、意外と合っているんですよね。これは私がインドネシア語やマレー語を勉強してきましたからわかるんですけれど。

「洗面器」という詩に、「くれてゆく岬《タンジョン》の雨の碇泊」なんてあるでしょ。「カンビン」や「イカン」とはっきりルビふっていますね。「カンビン」というのは「山羊」。「イカン」というのは「魚」。それから「タンジョン」は「岬」。こういうのはメモに書いておかないと、絶対わからないですよ。しかも「タンジョン」という語呂がいいんです。だから一つのリズムとしてもマレー語の読み方を大事にするために、メモを意識しながらとっていったんじゃないかなと思います。

「ニッパ椰子の唄」だって、たとえば「パンジャル・マシンをのぼり／バトパハ河をくだる」なんていう固有名詞もずいぶんちゃんと書いてますよね。そういう意味じゃ、マメなんじゃないでしょうかね。そのときは書かなくてもね。わりあいきちんとメモして、後で使うために書いてたんじゃないかなと思います。正確ですし。間違いなくちゃんと入れているから、えらいもんだなと思って。よくこんな言葉をメモでちゃんととって、それを生かして使っていると思います。

詩だけでなく、バトパハを書いた本の中にも固有名詞がいっぱい入っているんですけど、その固有名詞はみんな合っているんですよね。たとえば「バナン山」というのがあって、「バナン山の方角がちょっと曇ってくると雨がくる」とかね。書いてあるんですけどね、「バナン山」ってどれだと土地の人に聞くと、あっち、あれだ、とすぐ教えてくれますからね。

しかも不思議なことに金子さんという人は、バトパハでもそうなんですけど、インドネシアでも旅行している間じゅう、土地の人との付き合いというのはほとんどないんですよ。みんな日本人なんです。せいぜい華僑の人ですね。ジャカルタでも、日本人がいろいろ働いているでしょ。そういう人を訪ねていくんですね。だから土地の人との付き合いというのは全くないんです。付き合いはなくても、汗水たらして働いている人たちのこととか、外からの目できちんと見つめてはいるんですけどね。

金子さんは、自分は塩原多助みたいになんかガツガツと詩を書いたり、そんなことするのは大の苦手だと書いているでしょう、『鮫』や何かに書いてありますけどね。ガツガツとは書かなかったかもしれないけど、メモはいっぱいとっていますよ（笑）。記憶力だけじゃあれだけ正確に書くのは無理ですよ、特に固有名詞なんかを間違わずにきちんと書いてあるというのは、それだけで私はちょっとびっくりしましたね。日本に帰ってきてマレー語を勉強したということもなかったと思いますし。もういろいろあって、それどころじゃなかったですからね（笑）。

松本亮が選んだ一篇②

洗面器

（僕は長年のあひだ、洗面器といふうつはは、僕たちが顔や手を洗ふのに湯、水を入れるものとばかり思つてゐた。ところが爪哇人たちはそれに、羊《カンピン》や、魚《イカン》や、鶏や果実などを煮込んだカレー汁をなみなみとたたへて、花咲く合歓木の木陰でお客を待つてゐるし、その同じ洗面器にまたがつて広東の女たちは、嫖客の目の前で不浄をきよめ、しやぼりしやぼりとさびしい音をたてて尿をする。）

洗面器のなかの

さびしい音よ。

くれてゆく岬《タンジョン》の
雨の碇泊《とまり》。

ゆれて、
傾いて、
疲れたこころに
いつまでもはなれぬひびきよ。

人の生のつづくかぎり。
耳よ。おぬしは聴くべし。

洗面器のなかの
音のさびしさを。

（詩集『女たちへのエレジー』収録）

南方旅行がやがて創作のバネになった

金子さんは、ジャワ島に行くつもりは全くなかったけれど、行きがかり上のことだったんですね。なにしろ森さんをパリにやらなければならないということがありましたから。それでシンガポールあたりで風景画なんか描いて展覧会やるんですが、さっぱり売れないわけですすし、ちょうどシンガポールの新聞社の人のアドヴァイスで、ジャワへちょっと行ってきたら、ということで出かけたんですよね。それがジャカルタ（当時のバタビア）です。そこで新聞社の斎藤さんという人のところに身を寄せることになって、世話になるんです。その後、スラバヤに行くんですね。ジャカルタにいられなくなって。

――何かいやがらせみたいなことに遭ったんでしょうか。

いやがらせといっても、もとはと言えば金子さんが悪いんじゃないかと思いますね。斎藤さんというのはジャワ日報の社長で、詩も書いている人なんです。初めは、たぶんシンガポールからの紹介もあったものですから、非常にゆったりと歓迎してもらって、その新聞社の一室に住まわせてもらう。そこは日本から料理人なんかも呼んでちゃんとしてたとこだったみたいですね。そんなところでわりかしのんきに食べること、泊まるところの心配なくいられたんですね。

その斎藤さんは西條八十の弟子だったんですけれど、金子という人が遊びに来ているというようなことを西條八十に知らせたんでしょうね。そしたら西條八十から、そんなやつの世話することないというふうな葉書か何かがきたらしい。それで追い出されたんですよ。で、西條八十はなぜそんなこと言ったのかということが問題なんですけども、それは私もちょっと書いたことがありますけど、西條八十が朔太郎の有名な『月に吠える』とか『青猫』の初版本を持っていたらしいんですね、サイン入りの本を。それを金子さんが見て、ちょっと貸してほしいと言って持っていったんですね。それをどうも返さなかったんじゃないかと思います。売っちゃったのか何かわからないですけどね。大事にしているものを、若い詩人が来て、二、三日貸してほしいと言って持っていっちゃって、それきりになったら、頭にくるということはありますね。だから、いやがらせにあったというよりも、自分のせいでそうなったと思いますね。

それで、スラバヤに頼りになる人がいるからと、ある人から紹介されて、汽車に乗っていくんですね。中部ジャワのジョクジャカルタとかソロに寄った後、その足でスラバヤに行く。そこで松原晩香に会うんです。

その頃はもう汽車があったんですね。今も立派な汽車があります。今は飛行機もバスもありますよ。それで、スラバヤで松原さんに会って、その人が斎藤さんとは仲が良くなかったこともあって、それも偶然ですが、俺が助けてやろうみたいな気持ちになってくれたんじゃないでしょうか。そんなことで、松原晩香さんのところで大変世話になるんです。ちょうどこの時、日本から来た観光客を相手に風景画展を開いたんですけど、絵葉書代わりぐらいな軽い気持ちでみんな買ってくれた。それで、森さんがパリへ行くお金までは稼げたということになるんですね。だから運がよかったんです。松原晩香という人がよく面倒を見てくれたんだと思います。

写真館で撮った写真を見ても、よれよれの貧乏旅行という感じじゃないですね。ただ、どういうふうに旅行していったかというようなことを表向きに言うと、いま話したようなことなんですけれど、ほんとは上海も、香港もマレー半島もジャワも全部そうですけど、基本的には金子さんが森さんをとにかく恋人の土方定一から引き離すために連れ出したという旅行でしょう。だからそれが常に引っかかってくるわけですよね。金子光晴の全集（中央公論社）が出る時に、森さんに「月報」に載せるために、いろいろ質問したことがあります。たとえば上海ですすと、土方さんの手紙とか連絡というのが来るんです。でも、さすがに南方へ行くとそういう手紙なども届かなくなるんですね。それでその時の気持ちを森さんに尋ねてみたんです。南方へ行って、土方さんからの連絡も途絶えてくると、土方さんへの気持ちもだんだん薄れていきましたかって。そしたら森三千代さんは言葉激しく、そんなことありません、なんてばっちり言ってましたからね。それはすごかったですよ（笑）。そういうふうななかで金を稼がなきゃいけないのは結局、金子さんでしょ。相手がそういう気持ちなのをわかって

ジャワ東部の商都、スラバヤにて。金子光晴、森三千代と松原晩香（後列左）

いながら、連れて回っているというのは金子さんにとっちゃ大変な旅行だったわけですね。ぎくしゃくした感じというのは絶えずあったんじゃないでしょうか。だって、一生懸命連れて歩いている女性、自分の妻が、他の男のことを思っているわけですからね。そんなことはやっぱり金子さんは敏感に感じ取るでしょう。

それでも、私には、そういう旅だったからこそ『マレー蘭印紀行』のあの冴え冴えとした文章が生まれたんだと思えるんです。特に私が名文だと思うのは、「珊瑚島」ですね。あの描写は悲しくて美しくて、すごい文章ですよね。森さんはまた行きたいと言って、バタビアとかジャワをすごく懐かしがっていましたけど、金子さんは行きたいとは言いませんでしたね。金子さんにはいい思い出は全然ないですものね。二度と行きたくないという感じじゃなかったでしょうか、金子さんとしては。私はそう思いますね。

ジャワでのことを書いた作品の中に、「エルヴェルフェルトの首」(詩集『老薔薇園』収録)という散文詩があるんですけれど、それにはやっぱり彼独特の考え方がポッと出ているんですね。ジャカルタの町にあったんですね、時のオランダの権力者によって、謀反人として、同氏の首が門の上に刺された状態でさらしものになっていた。今は別の公園墓地みたいなところにあります。しかし、そこに花とかお香が絶えないというような性質のものじゃ全くなく、一般の人には忘れ去られていると思いますが、歴史的事実としてそこにあるという感じじゃないでしょうか。ただ、それも日本で知られているのは金子さんの詩があるからですよ。

もともと「ピーター・エルヴェルフェルトの首」に非常に関心があったのは森さんだったんです。土方さんという人はアナーキストとしての時期があったし。森さんもそういう意識をはっきり持っていた人ですからね。でも、それを金子さんが詩としてきちんとまとめ上げたという感じを私は持っています。だから、金子さんの場合は、左翼的ないわゆるプロレタリアートという人たちが書く詩に対して、表現の仕方の弱さというものをどこかで感じていて、自分だったらこんなふうに書いて定着させたいという意識があったように思います。それをきちんと書くことによって、その人たちを逆な意味で見返してやりたいという気持ちというのが、あの人はけっこう天の邪鬼ですからあったと思うんですがね。見返すためにも、そういう鍛錬を彼自身すごくしたんじゃないかと、密かに。それが、「エルヴェルフェルトの首」や『鮫』という詩集に結実していくんだと思うんですね。

旅行記の中や私との対談の中でも森さんが言ってますけど、南方を旅行している間でもあんまり左翼的なものの考え方については話そうとしないんですよね、二人とも。そういうことについて話をしようとすると、当然その背後に土方定一という人が出てくるわけですよ（笑）。だから、その種の話はいっさいしない。話はしないいんだけれども、「金子も人間の尊厳なりそういった左翼的なものの考え方については、彼は彼なりにいろいろ自分と同じようなことを考えて歩いていたんだな」というふうに、後で森さんは言ってますね。

それにしても、旅行中に見て心ひかれたりするものについて話せないという状況は、そうとうかったるいですよね（笑）。かったるいけど、それがやっぱり金子光晴の表現力を鍛えたみたいなことはあるんじゃないでしょうか。私はこの旅行を通じて、森さん、それから土方定一という存在が、金子光晴をあれだけの表現力を持った詩人に育て上げたんだと思っていますね。バネになった、悔しいから（笑）。やっぱり、そういう悔しさがないとね。これだけのもの書けないですよ。森三千代さんと土方定一さんの影というものをすごく感じますね。そういうことがなければ、いい仕事できないですよ、人間って。

金子光晴の詩のすごさの秘密というのが南方旅行にあると私は思います。悔しさがあれだけの表現力を持たせたんだって。もともとの才能というのがあったということは当然ですけど、その上にいろんなことがあって、あれだけのものを書かせたんだと、私は痛切に思いますね。その面白さがあの人にはあるんです。飄々《ひょうひょう》としててね。なかなか素敵なおじいさんでしたよ。

それから、金子さんには変なクセがありましたね。土方定一と草野心平はわりあい親しかったということがあるでしょう。だからなんだと思えるんですが、草野心平という詩人を認めないいんですね。非常にいやがっていましたね。だから、不思議なことに、草野心平がことのほか持ち上げた、たとえば宮澤賢治なんかも金子光晴はいやがるんですね。認めないんですよ。なんでそんなにがんばるのかと思うぐらい認めない。

土方定一という人は平凡社に関係があった人で、私も平凡社に勤めていた関係で可愛がってもらいました。戦後すぐの『世界美術全集』なんかの編集責任者だった人ですね。金子、森、土方というのは、やっぱり大変な人物だと思います。でも、最後まで、三人は違和感そのもので終わっちゃったでしょう。ヨーロッパへ旅行した後、ということは戦後になってから、森さんが一回だけ土方と会ったと言ってましたね。新宿かどこかで会ったんだけど、もう時代というか風向きが変わっていて、それっきり会わなかったと言ってました。土方さんも戦後は詩を書いてませんから、彼は鎌倉の近代美術館の館長であったり、美術評論家としちゃ、一、二を争うくらい勢いのある人でした。昭和三十年代、四十年代の日本の美術界を牛耳っていた男ですから。非常に尊敬もされていましたしね。なかなか男っぷりのいい人でしたね。私のことは、金子さんともつながっていましたから、興味があったんじゃないでしょうか。だから会うといつも、金子はどうしてるとか、三千代さんはどうしているというようなことを土方さんは言ってましたからね。金子さんのほうはそんなことないです。土方がどうしているなんていうことは絶対言わないですよ（笑）。それはそうだと思います。

以前、「新潮」にも書きましたけども、土方さんの話が吉祥寺の家で出て、金子さんに、いま土方さんは鎌倉の近代美術館の館長をやっているんだというようなことを話したことがありました。そうしたら、金子さんは奥の森三千代さんが寝ているところへ向かって、定ちゃんはいま鎌倉の美術館の館長さんだってよ、ってどなっていたことがあったんですよ。そしたら森さんは、ふーん、と言っただけでしたけどね（笑）。

——土方さんという人は奥様が亡くなって、すぐに再婚されたんですね。身のこなし方というのがけっこうきっぱりとできる人だったんでしょうか。金子さんはそういう身のこなしはしないように思いますが。根が優しいのでしょうか。

優しいといえば優しいですけど、そういう意味ではどっちかといったらぐちゃぐちゃした人でしょうね、金子さんのほうはね。そういうようなものが、ものを書かせたと思いますけれど。もう、金子さんのほうはぐたらぐたらしてましたよ、いつまでたっても（笑）。でも、ものを書く人としてはやっぱり立派ですね。あれだけの心構えがないとあれだけの文章は書けないんだなと思いますし。その背後に彼の心情としてどういうものがあったかというのを考えると、人間というものはなかなか辛いものだな、という気がしますよ（笑）。

松本亮が選んだ一篇③

くらげの唄

ゆられ、ゆられ
もまれもまれて
そのうちに、僕は
こんなに透きとほってきた。

だが、ゆられるのは、らくなことではないよ。
外からも透いてみえるだろ。ほら。
僕の消化器のなかには
毛の禿《ち》びた歯刷子が一本。
それに、黄ろい水が少量。

心なんてきたならしいものは
あるもんかい。いまごろまで。
はらわたもろとも
波がさらっていった。

僕？　僕とはね、
からっぽのことなのさ。
からっぽが波にゆられ、

また、波にゆりかへされ。
しをれたかとおもふと、
ふぢむらさきにひらき、
夜は、夜で
ランプをともし。

いや、ゆられてゐるのは、ほんたうは
からだを失くしたこころだけなんだ。
こころをつつんでゐた
うすいオブラートなのだ。

いやいや、こんなにからっぽになるまで
ゆられ、ゆられ
もまれ、もまれた苦しさの

疲れの影にすぎないのだ！

（詩集『人間の悲劇』収録）

パリのダゲール街二十二番地に立つ

私が初めてフランスに行ったのは、一九八一年の秋です。金子さんがどんな場所で暮らしていたんだろう、というような興味で、とにかく行ってみたかったのは、パリのダゲール街でしたね、二十二番地。金子さんたちはそこで半年近くいるんですね。私はインドネシアの外交官の家に泊めてもらって、モンパルナスの墓地にも行きました。ボードレールやサン＝サーンス、またサルトルとボーヴォワールのお墓が一緒にあるんですよ。お墓を見て歩いて、そこからプラプラっと歩いて南の方へ行くとダゲール街です。ホテルといっても、要するに四階建ての六部屋ほどの小ホテルで、いま、その一階は日用雑貨店になっている。その周辺は商店街でしたね。下町で、なんとなくにぎやかな雰囲気のところですね。市場や露店じゃなくて、ちゃんとした店なんですよ。その中にその建物がありました。そこへ行ってみたんです。金子さんはパリじゃえらく苦労して、お金がなくてということを書いているでしょう。ところがなかなか瀟洒なホテルなんですね、行ってみたら。これじゃけっこう取られそうだなと思うような感じのホテルでしたね。四階までで、間口なんか狭いんですよ。それで階段が、正面に向かって右側から上がっていけるんですけれど。

金子さんも書いているし、森三千代さんの『をんな旅』という本にも書いてあるんですが、部屋全体の色がその階によって違うと書いてあるんですよね。二階は橙色で三階は紫色というふうに。そういうところなんですけど、そこに入ってみようと思ったら一階の入口に犬がいまして、それがなんかガンガン吠えて、中に入っていけなかったんです。

残念でしたけどね。でも、金子さんや森さんが書いている描写と寸分違わない感じのところでした。ただ、さっきも言いましたように、安宿の雰囲気じゃないですよ。そんなお金どこから出たんでしょうというような感じのするところでした。パリでは苦労して、というのがあるけれど、実際にはやはりそれほどでもなかったんですね。金子さんは『ねむれ巴里』にも書いていますけど、たとえば森さんが帰るためのお金が日本からくるでしょ。それを使い込んじゃう。ほかにもいろいろとお金が何かしら入ってくるんですよね。不思議な才能がありましたね。森さんは森さんでちょっとモデルになったりして働いたりするでしょ。だからお金に困ってどうしようもなかった、というような感じはしないですね。

それにもう一つはっきり言えるのは、なにしろ金子さんにしてみれば一つの切り札というのを持っているんですよ。どうしても困ったら要するにベルギーに行けばいいと思っていたんですよね。だからいよいよなんとなく行き詰まっちゃって、森さんがアントワープへ行くでしょ、働きにね。それで金子さんが一人残される。その時、ここが潮時かなというような感じでイバン・ルパージュさんのところへ手紙を出すんですね。そのルパージュさんがちゃんと昔と同じ住所に住んでいて、それでまた手紙をくれたので、ルパージュさんのところへ行くんです。それからはベルギーで世話になって、帰国するまでのあいだは、お金の苦労なんか全然しない。パリの生活というのは、貧乏なりにずいぶん楽しめる程度のお金はあったし、しかも、ルパージュさんのところへ行くと歓待してくれて、そこに一年間ほどいることになるんですね。

金子光晴、森三千代が住んだ、パリ・ダゲール街22番地に今も残るホテル（撮影／松本亮）

このへんでちょっと話を、最初にルパージュさんに世話になった金子さんの若い時代のところへ戻させてほしいのですが。これは最近の話ですが、その後、金子さんをいろいろ研究する人がいて、ルパージュ家を訪ねていった人がいるんですね。

彼はもう亡くなっているんですけど、その娘さんたちがいられるようです。訪ねていった人は今橋映子さんという人ですが、金子さんとルパージュさんとの交流などについて調べに行かれたんですね。それで平凡社から本にしているんですけど。私は面識はない方ですが、そのルパージュさんのところに水彩画がずいぶん残っているんだそうです、金子さんのね。それがその本にたくさん出ています。

大事に取っておいてくれたんですね。若い頃の金子さん、要するに『こがね蟲』（大正十二年）を書く前ですよね。その頃にヴェルハーレンを一生懸命読んでいるんですね。エミール・ヴェルハーレンというパルナシアンの詩人。その詩を訳したりもしてますけれど、ヴェルハーレンの影響を金子さんはすごく受けている。最初、金子さんは『赤土の家』（大正八年）という詩集を出していて、その後、パリへ行ったときに、知り合いの骨董屋のおじさんを通してルパージュさんと知り合うことになるんです。ルパージュさんとうまが合って、そのベルギーのブリュッセルで一年ぐらい勉強してくるんですね。ヴェルハーレンの詩というのは、キラキラと輝いた、影がまったくないような詩なんですよ。それを読んで影響を受けたなかで金子さんという人は『こがね蟲』を書く。『赤土の家』の金子さんとまったく違うものができるんですね。私なんかが一番感じるのは、金子さんというのは結局、憂愁の詩集『こがね蟲』なんですよ、いつまでたっても。いろいろ後々苦労して、なんだかつらい詩をいっぱい書きますけども、『こがね蟲』というのは、もともと金子光晴の名前そのものの感じですよね。金子の金の子がピカッと光って晴れるというようなね。『赤土の家』を出したときは金子保和（本名は安和）というんですよ。それで『こがね蟲』を見ると、その後の詩と全然違いますよね。あれだけがなんか突拍子もなく、なんとなくかったるさはありますけども、ほんとにキラキラしている言葉がずらりと並んでますね、『こがね蟲』の詩集のなかには。私はいつも引き合いに出すんですけど、序文にある言葉なんですが、これが金子光晴の本質なんだといつも思っているんですけどね。

余の秘愛『こがね蟲』一巻こそは、余が生命もて賭《かけ》した贅沢な遊戯《あそび》である。倡優の如く余は、『都雅《みやび》』を精神《こゝろ》とし、願はくば、艶白粉、臙脂の屍蠟とならうものを……。『こがね蟲』は其綺羅な願である。

（『こがね蟲』自序より）

それが社会のいろんな状況とか環境とかに翻弄されて、なんかぐちゃぐちゃとなった。というよりは、金子光晴の眼がきびしく現実を見つめる第一歩が始まる。もちろん、『こがね蟲』以前の『赤土の家』にも反逆の片鱗を見せてはいるのですが、それがよりふくらんだ形で姿を現わしてくるといったことでしょうか。『こがね蟲』の後は『水の流浪』（大正十五年）という詩集ですよね。あれなんかは関東大震災で流浪しなければいけなくなった後の作品です。『こがね蟲』の世界とまるで違ってくるんです。ところがその後になって、『鮫』（昭和十二年）や『マレー蘭印紀行』（昭和十五年）以降になると、絢爛たる言葉と鋭いリアルの眼が一体となって、金子さん独特の憂愁の世界がみごとに立ち上がってくる。その耽美性は『こがね蟲』の中にみごとに息づいている。年とともにいろいろ移り変わってくるわけですけどね。しかし本質的なものは変わらない。二十四歳の頃の一年間、ルパージュさんのところで生活していたときの金子さんというのは、ほんとに幸せだったでしょうね。一人で勉強することができた。今橋さんが見たのは、そのときの水彩画なんですよ、油絵じゃないんですね。水彩が得意なんですね。南方を歩いているときもすべて水彩です。ベルギー時代の水彩は実に、これ金子さんが描いたのかと思うぐらい優しくてきれいで、なんともいえない初々しい感じの普通の絵ですよ。彼はもともと上野の美術学校を中退したということもありましたし、絵心というのはずいぶんと持ちあわせていた。絵はちゃんと描く人です。

金子さんが最初にヨーロッパへ出発するのは二十三歳の暮れですね。これは義父と親交のあった古美術商の鈴木幸次郎さんという人に連れていってもらったのです。で、二十四歳でイギリスに着いて、それからベルギーに渡ってブリュッセル郊外のディーガム村のカフェの二階に一年ほど下宿するんですね。この時期、生涯で最も落ち着いて読書と詩作に親しんだようです。それで特にヴェルハーレンに心酔と書いてありますよね。知り合ったルパージュ氏は、日本の根付け収集家なんですね。根付け収集家のルパージュさんにすごく大事にしてもらうんですよ。よほど日本のことわかってないと根付けなんか収集しない。いい関係だったと思いますね。要するにうまがあったんでしょうね。そうとしか言いようがないです。

『こがね蟲』を出した年というのは関東大震災なんですよね。出てすぐ震災に遭う。それでもう金子さんにしてみれば『こがね蟲』という詩集を新潮社から出して、これからだというときに関東大震災でパッとなにもかも消えちゃったという印象をすごく受けているみたいでしたね。その頃というのは朔太郎が偉かった時代でしょ。『月に吠える』は大正六年ぐらいに出ているじゃないですか。だから朔太郎の時代ですよ、ある意味じゃ。金子さんも詩集出したんですけども、その評判がどの程度だったかと評価がまだちゃんと定まらないうちに、関東大震災でパーになっちゃったというような感じですね。でも、いまその『こがね蟲』を読んでもそんなにおもしろいという詩じゃないですよね。そんな調子で金子さんがずっと詩を書いていたんじゃ、なんということもなくてすんだかもしれないですが、いま金子さんの仕事全体からみると、『こがね蟲』というのはすごく貴重な何かに見えるんです。後の作品とはすっかり違うんですけども、やはりブリュッセルというのは金子さんにとってはすごく不思議な世界だということが言えると私には思えるんですね。

金子さんを知るためのミーハー的興味から、ダゲール街にも行きましたけど、私はベルギーのブリュッセルにも行ったんですよ、一九八一年の旅行のときにね。ブリュッセルにも行ったんですけど、なんとなく教会ばっかりの街でした。路面電車がパーッと走ってまして、あそこはなんか不思議、碁盤の目みたいじゃなくて、坂の街で、はげしく切れこんでいく谷と丘の起伏にとんだ街。そして大通りの突き当たりの角にカトリック教会がちゃんとあるんですよ。そういう街ですね。立派な教会の街です。それがブリュッセルの私の印象なんですけども、その一軒の知り合いの家に泊めてもらって、私はワーテルローへ行ったんですよ。例のナポレオンの敗戦の古戦場ですね。ワーテルローには金子さんも行っているんです。春の初め、森三千代さんと一緒にね。行った時の描写がいろいろある。

雨の中を電車に乗って、しょぼしょぼしていて、なんていうことが書いてあります。で、行ったみたら、なかなかいいところでしたよ。小っちゃな円形の山をつくってあるんです。その上に石の階段があって、一直線に頂上まで上がっている。上にライオンの像があるんですよ。右足を立ててまして、足の下に玉を踏んだライオンが。あれは東の方をにらんでいるんじゃないですかね、ロシアの方を。

私が行ったのは秋の終わりです。雨が降っていましたね。ほとんど山がないんですよね。だからドイツから一直線にすぐモスクワまで走っていけるような感じの土地でしたね。だから、侵略しようと思えば、かんたんだ。ヨーロッパというのはほんと大変な、うっかりしているとバッと侵略されちゃう。そういう感じがしましたけどね。それでいろいろ蠟人形、ナポレオンや相手のウェリントン将軍の蠟人形だとか、なんかいろいろ戦いの模型をつくってあるんですよね。そういうものを見ることができるんですけど、そういう感じでしょぼしょぼしてて、こんなしょぼしょぼしたところへ金子さんたちも来たのかという感じでね。そういう意味では私としてはおもしろかったですね。「ああ、まっちゃん（松本氏の愛称）。こんなところまでやってきたんだね」と金子さんの声が聞こえてきそうだった。日本に戻ればまた大変な生活が始まるんだと思う、その前のちょっと小休止の小旅行というか。だから冬景色の気持ちじゃなかったですかね。だから前にも話しましたけど、南方の描写でも、すごく緑がきれいな、いい雰囲気のようには金子さんは書かないです。なんか荒涼たる世界だというふうにしか書かないんですよね。

二回目のパリというのは、金子さん自身はもともと行きたかった旅行じゃないですからね。とにかく行かざるを得なくてパリまで来ちゃったという。ルパージュさんという人がいなかったら、パリまで行ったかどうかと思いますけどね。そういう切り札がないと金子さんというのは動かないと思う。ある種の用心深さがあって、それでなんとなくそういう意味じゃシャイなというか恥ずかしがり屋のところもあって。だから森さんが私との対談のとき言ってくれましたよ。ルパージュさんてあんな素敵な人がいたのにどうして金子は最初から行かなかったんだろうって。金子さんは、ＢからＡへ、ＡからＢへいつも揺れ動いていた人ですね。用心深くてね。たまにそれはそれで居直ることもありましたけどね。
この時期のことを書いた『フランドル遊記』（平成六年）というのは、中央公論社の全集に入ってないんですよ。三千代さんも亡くなってから出てきたノートなんですね。だから、金子さんはこれを自分で本にするなんて思ってもいなかったんじゃないかと思うんですね。でも、これは『ねむれ巴里』なんかと違った別の面を、ある意味で正直に書いているものなんですよ。だから、金子さんが生きていたら、これを本にしたかなと。ちょっと本当の気持ちを書きすぎていると思いますからね。ま、この本についてはまたお話しする機会もあると思うんですけど。

最後に、貧乏ってことについて帰国後のエピソードを一つお話ししますと、もちろん、金子さんに較べればもっと貧乏な詩人はたくさんいましたよね。山之口貘さんとか本当に貧乏な仲間が来たときなんか、金子さんは自分のズボンを質に入れて、ハヤシライスをごちそうしたとかっていうような話があるんですね。パリで買ってきたズボンが、それがえらく高いズボンなんですね。パリでそんなズボンどうやって買ってきたんだろと思うような。それを持っていくと質屋でえらく高く金貸してくれるんですね。そういうズボンをパリで買ってきているんですよ。あのパリでどうしてそんな金あったんだろうというような感じはしますね。だからそういうへんてこな貧乏なんですよ。いま、もう金子さんも三千代さんも亡くなっていますから私が勝手なこと言うんですけど（笑）。でも、たしかに瞬間的にはえらく貧乏でもあったでしょうね。使っちゃえばお金というものはなくなっちゃうものですから。それで、なくなるとえらくしょげちゃうというようなことになる（笑）。

パリから帰ってきたのが昭和七年の六月。金子さんが三十七歳の時です。それで、昭和十年から「鮫」の発表が始まりますね。この詩をきっかけに、また詩を旺盛に発表することになるんですが、次は昭和十二年に刊行された『鮫』の周辺についてお話ししたいと思います。

松本亮が選んだ一篇④

Sensation

——日本は、気の毒でしたよ。（僕はながい手紙を書く）燎原《やけはら》に、
あらゆる種類の雑草の種子が、まづかへつてきた。（僕は、そのことを知らせてやらう。）

地球が、ギイギッといやな軋《きし》りをたてはじめる。……山河をつつむウラニウムの
粘つこい霧雨のなかで、かなしみたちこめるあかつきがた、

焼酎のコップを前にして、汚れた外套の女の学生が、一人坐つて、
小声でうたふ――『あなたの精液を口にふくんで、あてもなく
ゆけばさくらの花がちる』いたましい Sensation《サンサシオン》だ。にこりともせず
かの女は、さつさと裸になる。匂やかに、朝ぞらに浮んだ高層建築《ビルディング》のやうに、そのまま
立ちあがつてかの女があるきだすはうへ、僕もあとからついてあるいた。
日本の若さ、新しい愛と絶望のゆく先、先をつきとめて、(ことこまごまと記して送るた
めに。)

(詩集『非情』収録)

ボーッとしながら、言葉を飼い慣らす

「鮫」という詩は、有名なわりに私には面白いとは思えないんですよ。詩集『鮫』の中のほかの詩のほうがよっぽど面白い。なかでも人が真似できないくらいにうまいと思うのは「どぶ」。あれはすごい詩ですね。テクニックにしても、どうやって書いたんだろう、と思うくらいにうまい。「どぶ」や「おっとせい」あたりで、金子さんの技法はがらっと変わったと思う。だいたい、金子さん自身、この時点では、鮫という魚の実体をあまり知らなかったような気がする（笑）。だから、鮫そのものを活写するということ、金子さんのよくいった活写の名において、鮫そのものがリアルに書けていないと私は思うんですね

私なんかいつも金子さんと話をしていて、一番よく聞かされたことは、言葉を飼い慣らすということ、自分なりにそれを身につけなければいけないと。それと、「活写」するということですね。それはしょっちゅう言われてました。そしてまた、『人間の悲劇』の序

文にも書いていますが、この言葉がいかにも金子さんなんですね。序文には「僕は、僕の指や、爪を、ほんたうに僕の指や爪なのか、たしかめてみたいつもりで書きだしただけで、おほかた平凡なことばかりだ」と書いてあるんですけど、この言葉というのはやっぱり金子さんの仕事を見ていて痛切に感じます。また、この言葉、捉えがたきを捉え、という言葉をよく使ってましたけれど、そのへんが、金子さんが詩を書くときの姿勢じゃなかったかと思います。でも、ときどき必要以上に頑張ることがあったんでしょうか。それで、金子さん自身が、これ書いたけど、失敗だったよと言うことがありましたね。はっきり聞いたのは『水勢』の詩集の時でした。いや、これは失敗だったよ、って。だから、一生懸命気負って書かれている詩というのは、むろん私には部分的にはっとするような表現が随所に見つかって面白いんですが、総体的なまとまりにおいて、比較的面白くないということがあったのかな、と思います。

――「活写」されてない、ということでしょうか。

どうなんでしょうか。「鮫」は、いま読んでもあんまり面白くない詩ですけど、やっぱり時代ですかね。中野重治さんが読んで、これを発表するようにというふうなことだったんでしょう。あの閉塞の時代の風潮に対して、これが生きていたということかと思いますが。それに、詩はただ面白い面白くないというものでもないですよね。ともかく『鮫』の詩集の中で結局、金子さんの詩の方法が確立したんじゃないかな、というような気がすごくするわけですね。だいたい、パリから南方の旅行の後、ずいぶん経ってから出された詩集でしょう。詩のヒントは多少とも旅行で得ている。旅行から帰ってきてからの金子さんは暇もあったし、その分、充実もしていた時期だったんだな、ということを感じますね。そこで彼自身を確立したんじゃないかな、という気がするんですね。じゃあ、どうしてそういうふうになったのかというのが問題だと思うんです。でも、そんな一個の人間のうじゃうじゃした魂の内奥の葛藤について、誰一人的確に見抜けるものではないし、そんな推測は神をも怖れぬ所業ということになるんでしょうね。放浪時代にずいぶんメモされていたということがあります。それと同時に、辛い旅行だったんだな、という気が私はします。非常に心優しい人ですから、あの旅行の間、いったい自分はこれからどうなっていくんだろう、といった寂しさみたいなものが感じられますね。日本に帰っていって、果たして自分が受け入れられるのか、受け入れられないのか。で、受け入れられるだけのものを自分が書いて持っているのかどうかということもありますよね。厖大なメモはあくまでもメモでしかありませんしね。

私なんかが聞いていたのでは、旅行中はもう詩を書くことなんか忘れてましたね、と。まあ、ボーッとしてましたよと、よく言ってましたね。それとは別に、私なんかもよく言われてましたけど、ボーッとしてなきゃ何にも見えてこないよって。そういう意味では、金子さんはあの旅行中にいろいろあったんでしょうけど、ボーッとしている時間帯というのはすごく多かったんじゃないかなという気もするんですね。だから、それは自分の体験の中から出てきた言葉じゃないかと思うんですけど。それと同時に、あの旅行というのは、結局、金子さんの心の中にはいつでも森三千代さんと土方定一さんとの恋愛関係があったんですね。この前もちょっと話題になりましたが、『フランドル遊記』は、本音を書いていると思いますね。あれは、そのまま発表するつもりではなかったノートだと私は思いますけどね。金子さんが日本を出発するまでは、要するにアナーキズムとかプロレタリアートの詩が非常に幅をきかせていた時代です。帰ってきてからはそうでもないですが。その周辺の左翼的な詩、彼自身も日本の国が直面しているいろんな状況を困ったものだと思う気持ちがある一方で、ほかの人がやっているような直接的な方法では書きたくないわけですね。それならどういう方法で書いたらいいのかと、旅行の間、彼は彼なりに模索しているという面があったんじゃないかな、と思うんですね。その点で、恋愛関係にあった森三千代さんと土方定一さんとを、別な形の表現で見返してやりたいというような気持ちが強くあったと思います。それが、長い放浪の中でボヤーッとした形だとか、言葉を飼い慣らすとか、活写するんだとか、いろいろな格好で見え隠れしながら、試していた時代じゃないでしょうか。その試みが、帰ってきて書いた「鮫」や、『鮫』の詩集の中のほかの詩の表現につながっていったと思います。だからそれまでの『こがね蟲』の時代から見ると、ガラッと変わるわけですね。

『鮫』が出た後、「批評」という薄い文芸誌に、〝金子光晴詩集『鮫』のこと〟と題して土方定一さんが「詩を引用し初めると全部写したくなるやうな愛情にひきづられる」といったふうに、すごく好意的な評を書いているんですね。ちょっと胸が熱くなる思いです。

――ボーッとしている間に、少しずつ変わり続けていたんですね。

そうですね。金子さんは、ボーッとすることができた。それがあの人の偉いところだったと思いますし、そのボーッとしている間に、表現の方法をあーでもないこうでもないと考えていた。もちろん、金子さん自身のもともと持っている才能というのはありますけど、その才能の上にこれだけ変貌できるということは、不思議なくらいです。変わった顔がまた、金子さんの素顔ともいえるところがあの人の偉いところだと、私は思います。

――「どぶ」の描写では、女性をよく見ていますね。

『どぶ』は、特にすごいと思います。それに、辛い詩ですよね。それから寂しい詩でもある。だけど、その表現力というのは勁《つよ》く、見事だと思います。その後、『落下傘』につながっていくんですけど、あの『落下傘』は、戦争が激しくなってから書くんですけど、「寂しさの歌」というのがあるでしょう。あれも、いつまでも人の心に残る傑作でしょうね。

それから、これは余計なことですけど、金子さんから聞いたんですが、『鮫』という詩集は全然売れない詩集だったらしいですね。何部刷ったかは聞いてないんですが、ずいぶん長いあいだ押入に積み上げていたらしいですよ。

――今まで長く旅行していたから、みんなから忘れられていた存在だったということもあるんでしょうか。

大ありだと思います。全然有名じゃないんですよ。忘れられているんですね。ご本人もそう言ってますけどね。だからいわゆる日中戦争が始まっても、あんまり官憲から目をつけられない。多少は雑誌に発表できて、わりあい自由に動けていたということがあるんですね。結果として、金子さんは運がよかったと思いますけどね。ただ、「落下傘」なんかでも、いわゆる戦争を否定する詩ですけれども、表向き否定してはいないですよね。読みようによってはどうにでも読めるというような形の、キメの細かさといいますか、金子さんらしいんですけど、自分の皮膚から皮膚へつながっていくその線で書いているものですから、直線的な、また観念的な表現じゃないですよね。だから、官憲の目から逃れられたんだろうと思いますけどね。

――そういう、どっちともとれる表現は、力がないとできませんね。どっちにとってもいいですよ、でも、読む人が読めばわかりますよ、というふうな。

そうですね。そういうことをご本人もどっかで言ってますね。でも、それもだんだん発表できなくなってくるんですけどね。で、この同じ時期のものとしては、例の『マレー蘭印紀行』がありますね。あれはけっこう売れたんですね。南方へ出かけなければいけない兵隊とか、軍属で出かけたりする人の間でずいぶん売れたらしいです。ですからあれは本の形も大きいサイズから小さいサイズ、それから函入りまでいろんな形で出たんですね。必ずしも読みやすい本だとは私は思わないですけど、まあ、南方の雰囲気や実態が実によく活写されています。いまだに文庫本でずうっと売れてますものね。

『マレー蘭印紀行』が出たのは昭和十五年。『鮫』は昭和十二年。『落下傘』は昭和二十三年出版ですが、そのほかにも戦争中に書きためた詩がたくさんあって、戦争中の最後の頃には『蛾』（昭和二十三年）が書かれていますし、昭和二十四年に出ている『鬼の児の唄』も、戦争中に書いていたものですね。それで、面白いのは、金子さんは書いたものをノートに清書するんですね。それを一冊書くんじゃなくて、何冊か書き、それを他人に預けておくんです。戦争で失われるのがいやなものですから。そういう慎重さというか、何か自分のものが失われたくないという気持ちがすごくあったんですね。大正十二年の関東大震災でも何もかもなくなってしまったことがあるから、それでいろんなところに預けるんですね。『鮫』の挿絵を描いた田川憲さんという人がいるんですよね。その田川さんとか、当時、東大の学生で、出入りしていた北海道の詩人の河邨文一郎さんなんかにもそうした清書ノートを預けてます。河邨さんはその後、札幌医大の教授になった人ですけど。

――金子さんは、戦争の間、どんな暮らしをされていたんでしょうか。

旅から戻ってきた金子さんは、モンココという化粧品会社に勤めたりして、お金にはそんなに苦労していないはずですね。昭和十年に命名を金子さん自身がされて、化粧品本舗が創立されているんですが、モンココの創立者が、その頃の社会党代議士の河野密の奥さんの捨さん。この捨さんというのが、金子さんの実の妹なんです。モンココからは戦後まで給料をもらっているんです。モンココがその後ジュジュクリームになって、そのジュジュの命名をしたのも金子さん。いかにも金子さんらしい名前ですよね。そこの宣伝部にいたらしい。コピーなんかも書いていたようです。その頃、有楽町で、テレビじゃなくてまだラジオ東京というのが毎日新聞社の上にありまして、そこのホールで「七色のメロディー」のコマーシャルをジュジュクリームがやっていたんです。ラジオの時代ですね。歌番組でしたね。その司会を若い駆け出しの左幸子がやっていた。私は毎日新聞社にいたものですから、呼ばれて上に上がっていくと金子さんがいるんです。何してるんですかって言うと、いや、こうやって座っていりゃいいんだ、というようなことを言ってました。それで、給料もらっていたわけですから、貧乏なはずはないんですよ。戦争中も山中湖に疎開してたでしょう。平野屋という旅館なんですけど、その別棟が二つありまして、その一つに金子さんが三千代さんと乾さんの三人で暮らしていて、もう一つの棟に河野密夫妻がいたんですよ。

それで話を聞いていると、戦争があと一年二年続いても家には米がいっぱいあったよ、なんて言ってましたからね。それで、なんで貧乏だ貧乏だと言っているんでしょうね。なんかほんとに、お金についてはカモフラージュする天才でしたね。みんなが貧乏だと言ってくれるから、貧乏を装わなければいけないというようなサービス精神があったんじゃないかな、という気がしますけどね。金子さんは子供の頃、清水組（現・清水建設）の名古屋支店長の家へ養子に行かされたでしょう。そこで育っていますから、もともとはふんだんに金があったわけですよね。それで、その中で小学校、中学校へ。中学校は暁星中学ですから。親父さんが途中で亡くなっているんですけど、お金はあったんですね。森三千代さんに出会う頃まではお金があったのに、出会う頃には使い果たしている。それが金子さんとしては悔しかったんじゃないかな、と私は思うわけです。森三千代さんのためにお金を使いたくてもすでになかった。

だから、いつも思うんですけど、山中湖畔のあの場所で「蛾」とか「薔薇」の詩を書くでしょう。ああいうたっぷりした詩は、貧乏だったらまず書けない。戦争中の、どうしようもない時期ですから。だから、やっぱり悠々と暮らしていたんだと思いますね。山中湖暮らしというのは、金子さんにとっちゃ、すごくいい時期だったんじゃないでしょうか。

マダムジュジュが終わって、昭和三十年代に入ってから金子さんは自分でも化粧品会社作ったことがあるんですよ。「ママゼル本舗」という名前で。商品も出してそのパッケージもうちにありますよ。そのへんに転がっています（笑）。これ、どうしたんですかって尋ねたら、デパートに出ているはずだと金子さんが言ってましたけど、さっぱり売れなかったんじゃないですか。ヘアカラーの走りですね。今だったら、けっこう売れたのかもしれないけど、その頃は早すぎて売れなかった。すぐに断ち切れになって。それから石鹼も出しましたね。「八恵」というの。八つの恵みがあるというんです。何回か顔を洗うとツルツルになるっていうんですよ（笑）。パッケージによると、発売元が金子さんの住所で、武蔵野市吉祥寺。製造元は杉並区西高井戸2-30株式会社海線化学研究所となっていますね。絵の具みたいなチューブに入っているヘアカラー。「最新毛髪着色剤　新発売」「特許出願中」となっていますね。「いま欧米で大流行のヘヤーカラー化粧とは、お顔や服装の色にマッチさせせて髪を彩色しアクセサリーとしてつけることです。日本でも新しい感覚を喜ぶ方の間でもてはやされています。単調な黒髪をヘヤーカラー化粧で個性的に生かすことは、これからの化粧の第一条件となるでしょう。」……と書いていますね。コピーライター、金子光晴の文章です。

松本亮が選んだ一篇⑤

どぶ

一

おしろいをぬるのをおぼえてから、女は、からだをうっていきるやうになった。

そのよごれた化粧のあかが、日夜、どぶにながれこんだ。

どぶには、傘《からかさ》の轆轤《ろくろ》や、藁くづ、猫の死骸、尿《いばり》や、吐瀉物や、もっとえたいのしれないものが、あぢきないものが、かたちくづれ、でろでろに正体のないものが、ながれるあてのないものが、うごくはりあひのないものが、誰かがひろひあげようとおもひつくにはもう遠すぎるものが、やみのそこのそこをくぐっては、つとうかびあがってきて、あっちこっちで、くさい曖気《おくび》をした。

女は、わが血にもその汚水がまざり、めぐって、はだのいろにもどんよりと滲みでてゐるとおもった。どぶにかこまれた一画で女は、てすりから水をながめくらしなま唾をはいた。乱杭にひっかかって、すてられ、ただようてゐるごみ芥《あくた》と、つまりはおなし流れもので、ねたって、起きてみたって、わらったたって、死んだっていきたって、どうでおなしとわが身をおもひこんだ――なにもひけ目はねえ。…………女はからだをうっていきるほかはないのだから。

うれしがらせをさゝやきにくるこんにゃくどもも、女とねて、女をしゃぶりまはしたあとでは、こんな女とねてしみついたきたならしさを、どう洗ひおとしたものかといらだちながら、おのれにあいそをつかしていった。

――女ぢゃねえ。いや人間でもねえ。あれは、糞壺なんだ。

（詩集『鮫』収録。「どぶ 二」は次章末に掲載）

金子光晴が本気で書いた『人間の悲劇』

だいたいが金子光晴の素顔、といいましても、素顔なんて何が素顔なのかさっぱりわからないんですよね。改めて今度『人間の悲劇』を読んでいたら、仮面というのをみんな持っているというんですね。その仮面をどんどんどんどん一つずつ打ち落としていったら、次々次々、仮面が現れて素顔というのはさっぱり見えてこない。で、一番最後にアメリカの国旗を手に振りかざしたお猿さんが向こうを向いてお尻をかいていたという、そういう詩があるんですよね。そんなようなものでしょうね。だから金子さんの素顔なんてものも、まあ、人によってそれが素顔だと思っていることが非常に多くて、私自身が話していることも素顔なのか何なのかわからないですけど、読んでいる人が、あ、そうか、ということがちょっとあってくれればいいというような感じはするんですよね。それしかないんですけども。『人間の悲劇』を読んでいますと、ほんと、あの時期というのは金子さんには思いがけない、いやなことが多かったんじゃないかなという気がしますね、戦争が終わった途端、それまで戦争を謳歌して、戦争協力ということでいろいろ日本の政府とつるんでやっていたのが、手のひら返したように民主主義だとかなんかに引っくり返って、涼しい顔してのさばり返っているというのが、腹立たしくてしょうがなかったということですかね。戦争もあったんですけども、戦争というのは結局終わってみたら何も変わっていないんじゃないかというふうなことをしっかり言っていますね。変わりようがないんだと。もとあったものが全部そっくりあるじゃないかというようなことに対する金子さんなりの人間不信といいますかね。その人間不信というものが、まあ、それまでもだいたい人間不信の人なんですけども、なんかそれがもう一つ徹底して人間に対する信じられない、いろんな要素をもう腹の底まで感じたというようなところから、この『人間の悲劇』というのは書き出されているような気がしますね。

その時期というのは、五十歳越えてからなんですけど、私が実際に金子さんに初めて会った時期とも重なってくるんですがね。『人間の悲劇』という本はまだ出版されていない時期で、いまから思うと仕上げをしていた頃に訪ねていったことになるんですけれど、そんなようなことをしているとはつゆ知らず勝手に自分で、自分の詩を見てください、見てほしいと思って、電話もしないでポッと行って、それはそれなりに応対してくれたんですね。私なんかもいまはとっくに五十の坂を越しているわけですが、でも、五十というのはまだ年齢的にそんな落ち込まなきゃいけないような年じゃないですよね、実際言って。金子さんのあの時代の健康状態から見ても。ずいぶん元気だったですよ。

自分で落ち込まなきゃならないほどの、そんな年寄りじゃないですよ、まだ。なんか金子さんというのはそういう意味じゃ被害妄想的ですからね。だって五十越えたら年寄りだなんて書いているようですけど、本人はそんなこと思っていないですよね（笑）。あの頃はいやな思いはしていたでしょうけども、戦後、戦争中に書きためた詩集を次々出しているでしょ。昭和二十一年の三月に山中湖から引き揚げてきて二十三年の三月ですか、『落下傘』が出る。その年の九月に『蛾』が出るでしょ。それから翌二十四年には『女たちへのエレジー』が出て、その年の十二月に『鬼の児の唄』が出る。これはそれぞれがいま考えるとすごい詩集ばっかりですよね。そんなに売れたとも思えないですけども、これだけの詩集が出るとやっぱり詩の関係の人たち、詩壇なり文壇の関係の中ではほんと、私が初めて会った頃そうなんですけど、金子さんという人は神様みたいでしたよ。非常に注目もされていたし、ある意味じゃ尊敬もされていたしというようなことでしょうね。同時にちやほやされてもいただろうと思います。それだけ有名になっていますからね。一方で自分の非常に得意な、いい気分な時間も多かったでしょうし、そうかと思うといやな面もあるし、森三千代さんの恋愛関係も続いていたりとか、大川内令子さんが現れたりというようなことがあって、なんだかある意味では充実していますよね。いろんなことが一緒くたにきたというような感じですから、本人は非常に絶望的ではありますけれども、ある意味では得意な時期じゃなかったかなというような気もしますけどね。お金はそれほどなくたって、まあね、というような。私のような若造が初めて会ったときは神がかり的な雰囲気を持っていたという印象がありますね。そういう時期の作品ですね。散文と詩が一緒になって書かれていくという。だからこの『人間の悲劇』で金子さん自身いわゆる詩を書くという、抒情詩とかモダニズムとかプロレタリア詩とかそんなものにもうかまってられない、自分自身のことを書きたいという、そういう感情が先行した作品じゃないかと思いますけどね。はっきり言って金子さん自身が自分なりにおっしゃっている言葉、「日本語を飼い馴らす」ということとか、日本語そのものをどうもっていくかということについては、もう十分習熟してしまっていますよね。私は『鮫』でもう彼なりに解決したんだと思います、『鮫』のいろんな詩の中でね。それからその後のいま挙げたような詩集の中でそれはみごとなく詩に昇華していますよね。もうどうしようもない日本語というものがばっちりある。そんななかで今度はそんなことはもういいということで、思い切って自分の言いたいことを書き始めたというふうな感じがします。ですからいろんな戦争中の詩はありますけども、『鮫』を読んだ後では、精神的な立て直しという点では戦争を越えて、いきなり『人間の悲劇』がやってくる。そこで詩の、ある種のあの人なりの転換点といいますかね、そういうものが見られるんじゃないかなという気がしますけどね。特に私自身好きなものですから、金子さんの詩のなかで、ほんとに好きな詩何篇か挙げろと言われたらきりなくあって、どれを選んでいいかわからないようなものですけども、私は「くらげの唄」というのが好きですね。あれやっぱり、金子光晴という人は「くらげの唄」一篇でもうほんと金子光晴ですよね。だからあれはもう私自身、極端な言い方ですけど金子さん自身の姿をワーッと思い浮かべたときの彼の最高傑作だと思いますね。それもあまり大事に扱われてなくて、いきなりポツンと出てくるんですよね。№８のところに「くらげの唄」というのが入っていますね。みごとな詩ですね。何でもなく書いたように見えるんですけどね。そういう詩が自然にスラーっと出てくるような、そういう心境に達していたような時期の作品じゃないかなという気がしますね。

それはもう、ある意味じゃ人間そのものの本質を見極めようとしたものだと思います。そういうふうな本質的なものというのは大昔からずっと変わりようがないじゃないですかね、人間という名においてね。という感じがします。そういう意味でいろんなものを突っ込んで書いた作品として『人間の悲劇』というのはすごく大事な詩集。詩集というのかな、一冊の魂の書ですよね。そんな気がしますね。

この詩集は、堅い表紙で、サイズは四六判の大きさです。私としては金子さんから直接いただいた最初の詩集ですね。私が最初、金子さんに会ったときは『鬼の児の唄』はもう出ていましたからね。だからその次に二、三年おいて出た詩集で、昭和二十七年の十二月だと思いますが、その前年の昭和二十六年の春まだ早い頃に金子さんが例のノートを私に渡して、これ全部清書してほしいんだと言って。私は創元社の原稿用紙をもらってそれに清書したんですよ、全部。協力しているんです（笑）。だから、そんなことでちゃんとサインした本が私の手もとにあります。簡単なわりあい薄い本ですが。

――この頃というのは、みなさん出版記念会とかやられていたんでしょうか。

しませんよ。やってないんじゃないですか。出版社が本屋で売るという程度だったと思いますね。出版記念会というのは、その頃やってませんね。金子さんの出版記念会の話でいえば、四谷でやったことがあるんですよ。それは私が平凡社に行っている頃ですから、「あいなめ」が始まっていましたからね。『水勢』は昭和三十一年ですが、それも出版記念会やってないですね。それはもうご自分でいやな詩集だと言っていましたから、出版記念会どころじゃないですよ。だから「あいなめ」が始まって、昭和四十年の『ＩＬ』が金子さんの戦後の最初の出版記念会だったと思いますよ。『こがね蟲』のときは大正十二年の二十八歳のときに銀座のレストランで盛大にやられていますが、それ以来じゃないですかね。その主婦会館というのは平凡社の近くですし、「あいなめ」が始まっていましたからその筆者の関係とか、多少、私も金子さんの周りの人ってどういう人たちがいるのか、ある程度わかってきた頃でした。一応、「あいなめ」という母体があったものですから、松山バレエ団の踊り手を呼んできて踊ってもらったり、そんなこととしたの覚えていますね。あのときの写真がありますよ。記念写真じゃなくて、パッパッとスナップで撮った写真がありますが、いろんな人が来てました。たとえば安東次男とか、一人か二人に発起人になってもらったんですね。

私の最初の詩集『運河の部分』が出たときに、土方定一さんがこれは安東次男のところに送るようにと言って、送った覚えがあります。安東さんから葉書が戻ってきてますよ。そういうこともありましたね。土方定一と安東次男、二人とも美術関係ですね。詩の関係もあったかもしれませんけども、土方定一という人は美術批評界では大御所でしたからね。それで安東さんなんかも知り合いだったんでしょうし。その頃は安東次男さんという人はまだ平凡社に勤めていたんですよ。私なんか毎日顔合わせていましたね。親しいときは親しいんですけども、ちょっと顔見なくなったり電話しなくなったりすると、もう何年かすぐ時間過ぎちゃうでしょう。だから最近はほとんど電話もしたことなかったですけどね、ここ十年ぐらいは。

それでまた戦後の金子さんの話に戻りますと、金子さんが矢継ぎ早にいろいろ詩集を出すものですから、要するに抵抗詩人だとか反戦詩人だとかってしきりにいわれてた時代ですよね、私なんかが知った頃でもね。それが彼には何のことだかわからなかったみたいですね。どういうわけで詩の仲間とかマスコミがそういうレッテルをつけたのか知りませんけれども。だってもともとレジスタンスというのは、金子さんのようになんとなく一人でボーッとしてひっそりと詩を書いているなんてものじゃないでしょ。もっと組織的なものですよね。地下組織といいますかね。はっきりと相手があって、それをやっつけるための抵抗の一つの組織ですよね。で、そんなのを翻訳したのが抵抗という言葉でしょうからね、レジスタンスを。金子さんの場合、たった一人ですもの。まあ、たった一人の抵抗とかたった一人の反抗とかって美しい言葉ではありますけど、それは別にどうということもないわけですし。私なんかは金子さんにレッテルを貼るとすれば、厭戦詩人、戦いを厭う詩人というようなことになるでしょうね。厭戦詩人には間違いないですものね。非常に個人的な、そういう動きをずっとしていた人ですよね。だからマスコミとか自分の周りの詩人たちの、そういうレッテルを貼ってちやほやするそのいやらしさかげんに対してもすごく腹が立ったんでしょうね。そんなような気がすごくしますね。そんなことが『人間の悲劇』の中にはっきり出てくるんじゃないですか。「亡霊」なんかみんなそうでしょう。No.3の「亡霊」はそういうのを指して言っているようですね。「亡霊」にしたってその後にも生な格好でポッと出てくる言葉もありますけれども、その問題が『人間の悲劇』の中に強く盛られているような気がしますね。

米軍の検閲に引っかかっていることもありますよね。昭和二十二年頃ですね。確か検閲に引っかかって、この部分を削除しろとか何とか言われているんですね。そういうこともあって、アメリカに対するものの考え方を自分なりにしっかりさせたということもあるでしょうね。戦争中は検閲受けてないのにね。戦後有名になった分、そういう検閲に引っかかるということになるんでしょうね。むろんこんな問題だけでなく、結局、戦争というのは何一つ、お皿一枚壊してないんだというようなことを言ってますよね、その『人間の悲劇』の中で。そういうふうな認識というものをしっかり持ったんじゃないかしら。人間というのは変わらないんだという、その人間自体に対する不信ですね。金子さんというのは書くときか、№3、4というのは描写がなんかえらく激しいですね。「亡霊」のところとはわりあいサーッと集中的に書くんですけど、しばらくほったらかしにするんですね。だからなんか絶えず同じようにずっと心に引っかかってつながって書くということはほとんどないみたいですよ。わりあい書くの早い人ですから。書くの早くて、また後でそれに手を入れるとかというようなことしますけれども、ある一つの作品をポッと書く、そんなに一字一句彫琢するというふうなタイプじゃないですね。ですから厖大な作品が残せたんでしょうね。たとえば吉田一穂みたいなことは全くないですよね。吉田一穂さんといえば、私、金子さんのところに行っていて、本をもらったんですよね。『人間の悲劇』のときだったたか、その後の何のときだったたか覚えてないんですけど、応接間の窓から入り口が見えるんですよね。そしたらなんかゴトゴトと音がするから金子さんフッとのぞいたら、吉田一穂が入ってきたと言うんですよね。そしたら金子さんというのはおかしい、私に渡した詩集をとにかくカバンの中に入れろ入れろと言ってしまい込ませるんですよ（笑）。それでそのときは一切その詩集に関する話題はのぼらせないんですよ。何ですかね。恥ずかしいんですかね（笑）。本ができたんだから、私にくれるくらいなら一穂さんにも一冊あげたっていいじゃないですかね。それでボソボソしゃべっていて、私はそばにいたんですけど、何しゃべったか。それで一穂さんが帰っていって、その後、私は帰ったんですからね。その本あげた気配は全くなかったですよ。

——じゃ、選んでいたんでしょうか、その詩集をお渡しする人を。

さあ、選びますかね、あの人が（笑）。そのときの気分だと思いますけどね。吉田一穂さんは勝手にポッと来るぐらいですから。わりあい近くに住んでいたんじゃないですか。一穂さんという人はもともと森三千代さんが好きだったということがあるんですよ、それは金子さんが結婚する前、大正の大震災の前のことですけどね。一穂さんが突然現れたその頃は金子さんは元気でしたよ。それでこの『人間の悲劇』に関して言いますと、その後、金子さんは自伝的な作品をずいぶん書かれるようになるんですね。それの大元になっていますよね。『人間の悲劇』の中のキリストのことが後に「ＩＬ」になったりするでしょ。そのほか『人間の悲劇』の中にその後のいろんな要素が盛られているんですね。そういう意味でも『人間の悲劇』というのは金子さんの詩集として重要な位置を占めているというふうな気がしますね。金子さんはこれに大いに自信を持っていた。『人間の悲劇』に関しては、まあ、自分なりの言いたいことを書けたと思っていた詩集なんじゃないでしょうかね。この頃はずいぶん忙しく過ごしていたみたいですよ。原稿の注文もけっこうあったようですしね。そういうのをどんどんこなしていかなきゃいけないし、その問題もありますし、それから森さんの病気のこともありましたよね。五十七歳のときに結婚の承諾を受けるために大川内さんの実家にも行く。忙しいですね。だから森さんが病気でなければ、この後はどうなっていたかわかりませんけど、病気ということがありましたから、それはそれなりに心を痛めてられたんですね、金子さんとしては。いろいろくやしいこともあったでしょうし。

——大川内さんというのは金子さんが好きになる要素をいっぱい持っている方だったんでしょうか。

そうでしょうね。そう思います。なかなかきれいな人でしたよ。それにある時期の、若い頃の森三千代さんにもちょっとした感じが似ているというところがあったんじゃないかな、顔形が。そんな気もしますね。性格というのは全然違いましたけどもね。『風流尸解《しかい》記《き》』という金子さんの小説があるでしょ。あれにずいぶん詳しく書いてますよね。私はかつて「新潮」にも書いたんですけども、もうちょっと早い時期に書き上げていればよかったと思うんですよね、その『風流尸解記』は。なんかフワッといいところで終わらせるためには、もうちょっと早く書き上げておいてほしかったですね。あそこまでいくと二人の状態が、ある意味じゃ絶望的なところまできていた時期ですから、あれは辛くなりますね。

――やっぱり書く時期というのは大切なのでしょうか。

大事ですよ。それはもうほんと痛感しましたね、そのとき。読んだときに。もっと早い時期に書いておけばよかったのにと思って。あの作品の中にいくつか詩が入っているんですよね。五つか六つか。あの詩がすてきにいい詩なんです。それがわりあい早い時期に書かれていて、いろんなところに発表しているんですよ。だけどほかの詩集に入れてないんですね。ほんとなら、そうですね、『風流尸解記』に出ている詩たちは、たとえば『非情』あたりに出てもいいものもあるはずですよ。そのほか、金子さんは散文と詩と入れ子にしながら書かれていた頃ですから、もっとほかの詩集に入ってもいいものがそのままそっくりその本のためにとってあるんですよ。残してあるんです。詩集に入れるともう一回使うわけにいかないでしょ。雑誌に発表するんならば別のところに入れられますけども、はずしてそれのためにとってあったという。そういうふうに、金子さんとしてはそれを書くために準備はずいぶんしてたと思うんですね。だからそういうことがわかるもんですから、余計にもうちょっと早く書かれればよかったのにと私なんか思いましたね。『風流戸解記』はいつ出てますか。

——七十六歳のときで、昭和四十六年です。

それ遅すぎますよ。そんな時期にまで引っ張るから、あの作品がどうしようもなく絶望的なんですよね。

どぶ

二

夕ぐれは侘しく、
朝、朝は、もっとかなしかった。

まだ青い果実《くだもの》のやうな朝あけに、女は夢をみた。

女は、これで死ぬのだなと考へながら、苦のほっとぬけた、らくらくした、でも、それではあんまり淋しすぎるきもちで、つめたい鉄の寝室に横はってゐた。かんご婦たちが蛾のやうにそれをとりまいてゐた。憎悪と一生のつらあてにわざとなげだしたやうな、ひねくれ歪んだ女のからだを、医師が診察した。あきらめきれぬことでいっぱいのあきらめのはての、いたいたしいこだまにきゝいるやうに、コツコツ胸を叩いては、小首をかしげ医師はいった。

――こどもだよ。だが、いゝかね。うまれようとする命には、のぞみもない。ひかりもない。それに……。

わがからだのことながら、懐胎した眩ゆさに女は、度を失ひ、かなしんで、こびて、すなほさばかりになって

——どうして、どうして、先生さま。うんではいけないと仰言るのです。あの児がでてくるのに障でございますなら、この骨も、腸《はらわた》もきりくだいてくださいませ。

嗚咽する女をねかせたまゝ、寝台はしづかにすべりはじめ、長い廊下の昧爽のすり硝子の、まだこもってゐる海のやうな明るさのなかをいくまがりした。たちまち子宮のおくに、はゞったい、鬼づらをした凶器がおしこまれ、がっきと口をあき、こどものひわひわした頭盧、まだそっくりの未来の夢や、しあはせをはさんでくっしゃりとつぶした。女は、その音をはっきりきいた。泣叫ぶのを忘れ、憤るのも忘れ、落雷のあとのふしぎなしづかさににたしづもりのなかで女は、わがみをいき剃ぎにされるやうななまなましいわが悲鳴をきいた。めざめてからも、もはやとりかへしのつかぬ悲しみをこめた悲鳴のみがきこえてゐた。べっとりとくろい寝汗、くちのなかのきいろいねばねば、膿《うみ》、金盥のぬけ髪、ひきずり出されたもののあとの、からだのなかにごっぽりとあいた、どううめ合せやうもない穴が、むなしさが、夢ではない。ほんたうだよ。みんな、みんな、ほんた

うだよといってるやうであった。

おほきな煤よ。
きりさめのなかの、おもたい塵芥をそっくりかついだ川づらに沿ひ、
ねもやらぬ灯よ。
のぞみをうばはれたかなしいむれに
けふも働け——といふ
めざめの汽笛《ポー》よ。
おゝ。なにもかも疲れきった朝。
橋桁。杭。
杭のならぶやうに、床のうへにめざめる女。
それら、びっしょり濡れて立ちつくすものども、
泥へよろめくもの、坐り所のないものの足並と、
どこかの閘《せき》に漂ふ、うつぶせのはら児たちを
一列にうきあげてみせる

あをじろいむち、
朝の
いなづま。

（詩集『鮫』収録）

詩集『愛情69』の69篇の詩

詩集『愛情69』は、一九六九年（昭和四十四年）に出るはずだったんですね。なぜかといいますと、『愛情69』だから六九年に出さなきゃいけないんですよ。でも六九年のはずが六八年に出てしまってるんです。金子さん、言ってましたよ。本屋さんの仕事が早くて、六八年になってしまったよと。

すべては六九年のソワサン・ヌフにひっかけてたんですね。金子さん中心の同人誌「あいなめ」は昭和三十九年（一九六四）ぐらいに始まってますけども、『愛情69』の、六十九篇の詩のいくつかをその「あいなめ」にもちょこちょこ載っけているんですね。それで六九年に出すんだというしゃれたことをあの人はシコシコと考えていたんです。この詩集は千五百部出たんですよ。奥付に番号がついています。予約を取ったんじゃないかな。それで発売と同時に売り切れたんですよ。この頃の金子さんというのはすごい人気がありましたね。だから持っている人はともかくとして、持っていない人はほとんどこの本を見たことないでしょう。フランス装の箱入り（筑摩書房）。この『愛情69』の詩集は、詩を書いている人たちにとっちゃうらやましい限りの内容の詩集ですよ、こういう詩集を七十三歳で出しているんですからね。六九年を目がけて、あっちこっちへ発表した後でね。しゃれのめした内容といってもいいですよね。昭和の三十年代の後半から書き始めているんですね。「あいなめ」が始まるその前の昭和三十七年、三十八年ぐらいから発表し始めていると思います。はじめはまだ『愛情69』というタイトルは考えてなかったんですね。

――いつ頃から連作を意識されたんでしょうか。

意識し始めたらタイトルに出すはずで、まず「愛情11」というのがあって、これが昭和四十一年の四月。これは「あいなめ」に出していますね。「愛情」いくつというふうなタイトルで出始めたのはこれが一番早いんじゃないかな。その前に「愛情」いくつなんていうのはないですものね。

これらの詩篇は、いままで生きてきた金子さんのいろんな人生の集積みたいなものの中からフワーっと出てきた詩ですよね。それと同時にふだん金子さんの言っている、探求の精神だとか社会批判のいろんなものというのは、散文で書いているんですね。あの頃出たものですごいなと思ったのは、『絶望の精神史』、それから『日本人の悲劇』、この二冊があります。両方とも新書判です。『日本人の悲劇』は富士書院というところなんですよ。この富士書院というのは金子さんの甥になる市川ひかるという人がその新書の編集長やっていましてね、その人が企画して、金子さんに書いてもらったんですね。それが『日本人の悲劇』です。『絶望の精神史』は昭和四十年の九月に出てますね。これは光文社です。この昭和四十年、『日本人の悲劇』は昭和四十二年、外に向かって何か言おうとする姿勢は散文で書きながら、片っ方では『愛情69』の詩をいろんなところへ出していってるんですね。ごく自然に詩は出てきた時代じゃないかな。この時期は、金子さんがそういう意味じゃ体調の非常によかったときですね。それまでの昭和三十年代というのは、恋愛問題だとかいろんなことでごちゃごちゃしてたり、喘息もけっこうひどかったですよね、冬になるとね。それで「あいなめ」を始めた頃というのは、一応、喘息を抑える薬というか、それこそニトログリセリン（？　いや　これは心臓のためだったかな）みたいな何かで手当すれば治まるんだと、なんかそういうことを自分で見つけて、体調がワッと悪くなることから逃れられた時代です。ご自分でしきりとそう言ってられましたね。心身的に安定してきた頃ですね、昭和三十年代の後半というのは。それからしばらくして心臓がおかしくなって入院したのは昭和四十四年から四十五年ぐらいですか。『愛情69』が出たのは昭和四十三年ですね。だからその頃までというのは、晩年の一番体調のよかった時期ですよ。気持よく書いてます。自分の健康の自己管理がある程度できていた頃じゃないかなという気がしますね。

この詩篇にしても、女性に対しても、余裕があるんです。やっぱりそれは健康とすごく関係があるでしょうね。そういう意味で、この『愛情69』というのは金子さんの晩年の一番いい時期の、一番充実した時期の、何と言うのかな、ほんとフワッと書いたようにみえる、いい詩たちですよね。そうかと思うと、またこの時期ですが、分厚い一冊本で『定本金子光晴全詩集』(筑摩書房)というのが出るんですが、ここに入った多くの詩に、あちこち自分でしっかり手を入れてるんですね。これを見た安東次男さんが私に「どうして金子はきちんとできてるものを改悪するんだろう」なんて言ってきましたがね。こんなこともある人でしたね。これは後の中央公論社版全集では元に戻されてますがね。

――この頃というのはテレビとか雑誌とかに出ていて、変なレッテルを貼られたりしていた時代でもあったんですか。

いや、エロじいさんに転向したのはその後です。転向というのはおかしいんですが、右翼からの脅迫があったりした、その関係で、その頃、金子さん、「まっちゃん、そろそろ僕もね、転向しようと思っとるんだよ、エロの方へ……」とニコニコしながら話してたことがあるんです。「あいなめ」の最後が昭和四十五年ぐらいだと思うんですね。三十号出たんですがね、きっちりと。「あいなめ談義　女性考」を「あいなめ」(最終号)に発表したのが、昭和四十五年の二月でしょ。「あいなめ」が終わったのは結局私の都合なんですよ。申しわけなかったんですけど、くたびれてたんです(笑)、はっきり言いまして。なんかくたびれちゃって。初め「あいなめ」というのは隔月刊だったんです。ときどき三カ月に一回というようなこともありましたけど、だいたい基本的に隔月刊でやってた雑誌なんですよ。この「あいなめ」というのは初め金子さんが言い出して、それで私に編集しないかということで、じゃ、やりますか、というような感じで始めた雑誌なんですね。

初めは「あいなめ」という誌名じゃなくて、金子さんたちが若い頃にやってた「楽園」

という詩の同人雑誌がありまして、その「楽園」を復刊したいというような意向があったようですね、金子さんとしては。ところが金子さんご自身、「楽園」となるとその頃の人に声をかけないといけないいんじゃないかというような、そういう意味の義理堅さを持っていた人ですから、そんな話が出まして、それじゃ誌名を変えて若い人たちだけでやろうということになったんですよ。それで相談されたんですけど、始めるにあたって金子さんに一つ条件を出したんです。私はその頃、平凡社に勤めていましたから、編集作業自体はなんでもない。編集は引き受けますけど、金子さんが必ず各号何か書いてください、それでなかったらいやですよ、と私言ったんですね。

原稿の催促は、しなかったです。そろそろですよとかいうようなことは言いますよ。それで何かありませんかなんて言うと、じゃ、これを出したら、というようなことがありまして、詩を出すとか何かエッセイを出すとか、そのうち「あいなめ談義」というような格好で対談しました〈後に『新雑事秘辛』〈濤書房〉収録〉。結局三十号通じて何かしら書いているのは私と金子さんだけです。同人の中には、ずっといた人もいますし、入れ替わってる人も多いですけどね。金子さんは私との約束で「あいなめ」から逃れられなかったということになりますかね。それだけに「あいなめ」に対して愛着はありましたね、金子さんは。だから私はちょっとくたびれて、ちょっとほかのこともしたいし、このへんでどうですかと金子さんに言って、じゃ、まあ、いいか、というようなことで、それで同人のみんなを集めて、ちょっと私が降りるからというような話をして、それで三十号でちょうどキリもいいですしね。三十号出せばもう立派なものですから。それでやめたんですけどね。詩人の集まりっていうのはけっこう風変わりなやつもいるでしょ。いるもんですから、なんだか人間関係がわずらわしくなるんですよ。雑誌が出るでしょ。出たら合評会というのをやるんですね。必ずやった。四谷に、いまはないんですけども、ちょっと小っちゃな旅館があったんですね。そこへ集まってやってましたね。昔、大洋ホエールズ（現・横浜DeNAベイスターズ）関係の宿舎みたいなのだったんですね。そこの奥の部屋に、ちょっと広いところがありましてね。それも私は平凡社にいましたから、四谷付近はわりあい詳しいもんですからいろいろ当たってみて、なんか安いところで落ち着いてしゃべれるようなところないかと探したんです。細長いテーブルをはさんで、二十人は軽くいました、毎回。すごい出席率ですね。そこへ必ず金子さん来てましたね。律義です。

けっこうなんだかんだガーガーとうるさい会だったですが、それをみんな楽しんでいたと思いますね。金子さんのいないときってなかったと思いますよ。特に何かがない限り出てきてくれてたと思いますね。だから「あいなめ」がなくなって一番寂しかったのは金子さんじゃないかなと私はひそかに思っています。それからエロじいさんの評判が立つことになっちゃうんです（笑）。「あいなめ」がなくなっちゃってから。

――みなさんが金子さんのことを「エロじいさん」と言うようになっても、ご本人は平気だったんでしょうか。

本人は平気ですね。本人はごく普通にニコニコといろいろやってましたね。この頃は少し耳も遠くなってきてましたしね。特にそれに対して自分で気を病むということは全くなかったと思います。

「あいなめ」が終わったのが昭和四十五年で、亡くなったのは四十九年ですよね。その四、五年というのはわりあい疎遠になりました、ある意味じゃ会う用がない。用がないって変ですけども、「あいなめ」をやってるときはたとえば一週間に一回会ってたのが一月に一回会うとか、もうちょっと離れるとかっていうような格好で、私自身もその頃からインドネシアに通い始めたんですよ。私が一番最初インドネシアに行ったのは昭和四十三年ですね。それから年に一回から二回ずっと行ってますよね。昭和四十五年からインドネシア語の勉強始めましたしね。忙しくなるんですよね。それに平凡社の社員でもありました。金子さんに会社の仕事の原稿を頼むということももちろんあったんですけれども。早い話、稼いでもらうために字を書いてもらったんです。あの人は筆文字がうまいんですよ。だからたとえば私がその頃『太陽』の編集なんかやってて、その表紙に特集タイトルの文字を筆で書いてもらうんですね。そんなのは原稿料高いんですよ（笑）。その当時で一字一万円とかね。「明治維新」なんていうと四万円ですよ。それから何か六文字だったら六万円ですよ。たまたま金子さんにそうやって稼いでもらう機会はけっこうつくったと自分では思ってます。相変わらず金子さんは女の子のことでごちゃごちゃしてましたから、その相談相手になったりというようなこともありました。そんなことでのつき合いがありましたけども。エロじいさんになっていろいろフラフラしているのには、私はあんまりつき合ったことはないです。

——その「あいなめ」の合評会のときは何時ぐらいから？　お酒も飲んだりされましたか。

六時半とか。お酒は飲まないですよ。お茶じゃなかったかな。金子さん、飲まない人ですから。二時間は確実にいたでしょうね。その後、どうしましたかね。食事に行くといってもライスカレーぐらいでしょ（笑）。好物かどうか知りませんが、金子さんはよくライスカレーを食べていましたね。それで私なんかもライスカレーばっかり食べていたような記憶があります。金子さんと（笑）。まあ、たまにはなんかごちそうしてくれたりするんですけども、そっちの方はなんかさっぱり記憶がなくて、なんとなくライスカレーを食べたという記憶が非常にありますね。

私が一番年上ぐらいでしたね。だいたい私よりも年下の若い連中ばっかりでしたね。若い人たちというのは、金子さんは苦痛じゃないでしょうね。金子さんはどんな若い子とでも平気で話を合わせられた人だと思いますね。サービス精神がありましたし、興味もあったと思います。

――『愛情69』の詩集に戻りますと、難しい文字が多く使われていますね。『新雑事秘辛』で松本さんがお尋ねになっていますけれど。

それは私の発案で、詩は深い味わいのあるやさしい内容なのに、私自身がなんだかわからん字がけっこうあると思ったものですから、だから一ぺんそういうことをやっておいたほうがいいだろうと思って「あいなめ」で『愛情69』に限っての「語彙注」という対談ページを作ったんですよ。そういう難しい漢字、金子さんには漢籍の記憶というか知識というのは猛烈にありましたね。『新雑事秘辛』のなかでも中国の古典についてずいぶんしゃべっているでしょ。私、いろいろ聞いてほんとに記憶力のいい人だなと思ったんですけど。難しい言葉をそれなりにかみ砕いて、けっこうサラサラっとしゃべり出しますからね。それは驚くべきことです。この『愛情69』の詩篇も実に、ほんのちょっとしたことでサッサッサッ、パッと書いていきますよね。人名とかサラサラ出てきますから。そのとき金子さん言ってましたけども、こういう古い漢字というのはやっぱり日本人には知っててほしいよってね。どんどん忘れてなくしてしまうんじゃなくてね。そういうような意識もあってそういう言葉は書き込んだというようなことは言っていましたね。そうした意識は非常にあったみたいです。いまの言葉じゃ表現できない、いい言葉、文字があるんだからというようなことを言ってましたね。

――次代の人たちに残したいメッセージみたいなものとしてあったんでしょうか。

あったんだと思いますね。わりあい親切な人なんですよ（笑）。だから実に金子さんというのは楽しい人だったですよ。なんともいえずひょうきんな人というかな。なんかそういう印象がすごく強いですね。『愛情46』の中の「ジョーさん」ってわかります？　これは宮崎譲さんですよ。宮崎譲さんという詩人がいたんですよ。洋服屋さんなんですよ。詩を書いていたんです。だから「ミシン台があって　ジョーさんがさよならを言う」、「もう洋服もつくってもらえなくなるね」ってあるでしょ。譲さんというのは洋服をつくるのが上手なんです。それが仕事だったんですよ。詩ももちろん書いていましたけどね。いま改めて読んでみると、そのときそのときでなんか自分でこれおもしろいなというのは変わりますね、年齢によって。年代によって。私個人で言うと、昔からすごく印象に残って好きで、しかもこういうのが金子さんだなと思うのは「愛情24」。なんか上品でしょ（笑）。なんとなく色っぽくて、品があって、いやぁ、なんか世の中のこといたわっているじゃないですか（笑）。そういう意味で、この詩もあの詩もほんと金子さんらしいです。全部どれもこれもみんな金子さんらしいんですけども、たとえばパッと頭から読んでいくと、この「愛情2」なんていうのもいいですしね。いや、もう『愛情69』は皆さんに読んでほしいと宣伝するしか手がないですよ。もうどれがどうであとというふうなことを超えてますね。皆さん一回読んでくださいよと。あたりまえの世界を描いて、これだけ詩というもののなんかフワッと立ちのぼってくることってなかなかないじゃないですか。だから、こういう詩をそばで見ていると詩を書く気しないんですよ（笑）。皆さん、こういうような詩を、ほんと言えば超えていかなきゃいけないんですけどね。

だから気の弱い私なんか、もう詩を書く気がしないんですよ（笑）。また話はとびますが、例の中央公論社から出た旅行の文章（『ねむれ巴里』『西ひがし』など）なんかあるでしょ。あれ一回三十枚ということで「中央公論」に連載したものですけど、三十枚といったら、金子さんというのは最後の一行まできちっと書いた人なんですよ。一行、二行残すということをしない。また、はみ出して書かない人なんです。ほんとプロだと思ったですよ。

――じゃ、締め切りもきちっと守る。

守らないですけどね（笑）、締め切りはもう。気にはしてますよ。気にはしてますけど、それ編集者の力ですよ。それを取るのは。編集者のなんといいますか、心ばえで。もうそろそろですよと、なんとなく誘導する格好でもっていけばきちんと書いたでしょうね。で、そういうふうにきちっと最後まで書いた人です。だから金子さん、だいたいその頃も言ってましたけども、なんか十枚ぐらいで書いてくれというのが一番困るんだと（笑）。ぐらいというのが困る、ぐらいというのはどうするんだと。十枚なら十枚と言ってくれ、五枚なら五枚と言ってくれればそうやって書くよ、と言うんですよ。そういうふうに言って、それできちっとそういうふうに書いた人です、最後の一行まで。詩の場合だってそうでしたよ。

松本亮が選んだ一篇⑦

愛情24

わきがくさい女狐の
びっこの脚にもからんでゐた
——愛情の古縄。

因果な話に、その古縄に
蹴つまづいた

そのひやうしにさ。

足にからんだその縄が、
そいつと、女狐とを
ほどけなくした。

月の萱原《かやはら》を
ひきずられて、

月の洲浜や
うなばらを越えて

去つてしまつた
愛情のはてを
しらないかつて？

そいつはむりだね。

月夜の晩に
きいてごらん。

お月さんなら、きつと
ごぞんじとおもふよ。

（詩集『愛情69』収録）

森三千代への愛の深さ

金子さんみたいな人の女性観をこちらが臆測するというのは大それた話で（笑）、これ、話になるのかなと思いますよね。それは自分自身のことを思ったたって女性観というのはどういう感じで、人に問われたときにどう話をするかなんていうことになると、なんか雲をつかむような話でしょ。特に金子さん、あのような詩を書いた人の、そこから素顔の女性観をつかみだしてくるというのはどういうものだろうと思うと、なんか不思議な感じがします。もう亡くなってから何年経つんでしょう、一九七五年ですから二十七、八年になりますよね。いま思い出すと、なんかすべてがきれいなような感じにみえますね（笑）。

吉原あたりにいたお医者さんだったか、昔、知り合いがいたようですね。金子さんがうんと若い頃（中学生の頃？）のようだったですけど。で、金子さんから聞いた話では、吉原とかああいうところにいる女の子たちの、生活の暗さということもあるんですが、性病が大変だったらしいですよ。金子さんは若い頃にその医者から、いろんな格好で、たたき込まれたと感じていましたね。だから、その後の外国での生活にしたってそういうことっていうのは、ずいぶん警戒してたんじゃないかしら、金子さん自身。

例えば、赤線とかそういうところへ行って女性との関係を結ぶというようなことは、金子さんの口からほとんど出てこなかったと思いますね。で、私自身は、金子さん、少年時代にそういう吉原の女の子のことをいろいろその知り合いのお医者さんから聞いていると いうことを知っていましたから、それがやっぱりずうっと残っているのかなと、私は感じていましたね。だから、そういう面では、普通の人との間のいろんな問題に話が絞られてくるという気がしますけどね。

それで今日は具体的に三千代さんとの話に入っていきたいと思います。彼女との出会いが金子さんの作品にどう結びついていったのか、ということのほうが大事でしょうね。私は金子さんのところに行って、いわば詩を見てもらって、それでポッと帰ってくるだけですから、初め三千代さんが小説を書いていらっしゃるというようなことすら全く知らなかったような気がするんですね。それからだんだん知っていったと思うんですけれども、三千代さんと会ったということはほとんどなかったですね。

私が最初、金子さんのところへ行ったのは昭和二十四、五年頃でしょ。初めて三千代さんと面と向かって会ったのは、それから何年かしてからでしたね。私が金子さんのところへ行って、それで応接間で座っていたときに、金子さんがちょっと場を外されたんですね。そこへ三千代さんが突然入ってこられて、それで会って話をしたのが初めてのことなんですけども、そのとき大川内令子さんのことを聞かれたんですね。いきなり（笑）。

私が多分もう大川内令子さんと会っている、金子さんとの関係で会っているということを、だからそれ金子さんから聞かないとわからないはずでしょうから、聞いてたんでしょうね、三千代さんは。それで私に、大川内令子さんってどういう人だと思いますか、と聞かれたんですね。それが一番最初なんですよ。でも、いきなりそう聞かれたって、こっちは困っちゃうじゃないですか。

で、そのとき三千代さんは、令子さんというのは魔女だと世間では言っていると、男の人をたぶらかすようなところがあって、あまりよくない人なんじゃないかというふうに思っていたようですね。それで、そういうふうに聞いているんだけれども、あなたはどう思いますか、と聞かれたんですね。

私はまさか魔女なんて、いや、そうですよ、とは答えられないですよね。そんなふうには露思ってもなかったものですから、いや、そんなことないでしょ、と私は答えたわけです。ごく普通で、その頃、詩か小説を書こうとしていたんでしょうね、令子さんのほうでもね。だから、そんなことでのいろんなつき合いだというふうに私は聞いてますけど、というように普通に答えたのを覚えています。で、あ、そうですか、というようなことが初対面だったんですね。それが初対面なんですけども、私自身もその頃ぐらいから三千代さんの書かれたものをやっぱりそれなりに読むようにしていったということがありました。それまであんまり知らなかったんですね。

もう一つ初対面で不思議なことを言いますと、かつて森三千代さんと恋人の間柄だった土方定一さんね。土方さんと最初に会ったときというのは、昭和三十年前後ですね。私はちょうどその頃、毎日新聞に勤めていたんですよ。「英文毎日」というところに勤めていたんですね。勤めていたというよりは半分アルバイトみたいなものなんですけどね、勤めていたということになるんでしょう。それでその「英文毎日」の営業部の方の、その当時の副部長だった人が非常に美術だとか音楽関係のことが好きで、その頃、新聞社もけっこう自由で羽振りが利いてる場所で仕事をしている人だったものですから、理由もなく特に美術関係の仕事をしている著名な人たちを一月に一回、「十五日会」といったかな、十五日の日に、必ず毎月十五日なんですけど、月一回夕方その人たちに集まってもらって、どっかへ食べに行くという、食事会ですね。だからってその人たちに何かを頼むというようなことはなかったんですけれどね。私はその幹事役だったんですよ。それでその中に土方さんがいたんですね。その中には東京国立博物館や大学の先生方、彫刻家やグラフィックデザイナーの人とか、いつも十人ほどでしたね。

土方定一さんについていえば、初めは知らなかったんですね。土方さんはその当時すでに非常に著名な美術評論家だったんですよ。詩人ということも知らなかったですね、私は。美術評論家で、非常にみんなに恐れられている人でしたね。非常に力のある評論家だったんじゃないでしょうか。片っ方で今泉篤男という人がいまして、その二人で日本の美術界の評論を取り仕切っていたという感じの場にいましたね。その頃、平凡社から出ていた『世

昭和30年頃、「十五日会」での記念撮影。下右が、土方定一。上中央が、松本亮

界美術全集』の相談役でもあったんですね。評論家として参加されていたのでしょう。たまたまその人たちが集まる「十五日会」の日、土方さんがちょっと時間があまってねと言って早目に来た日があったんですよ。なんとなく私は応対しなきゃいけないですね。応対しなきゃいけなくて、それで何かしゃべらなきゃいけないものですから。私はたまたま第一詩集『運河の部分』を出そうとしていて、その装丁を岡鹿之助さんがしてくれるということで、挿画の出来上がるのを待っていた頃なんですね。金子さんの序文が入っているんです。その全部を毎日持って歩いていたんですね。で、今度こんなの出すことになっているんですと言って話をしたんですよ。そしたら土方さんが、ほおっ、ちょっと見せてごらんよ、と言うから、これですよとパッと見せたら、一番頭に金子光晴の序文が載っていたんですよね。それで土方さんも私がまさか金子光晴のところで詩を書いているということは知らないでいたものだから、おまえは金子光晴の弟子かい、と言ったわけ。はあ、まあそんなようなものですけどと私は言ったんですけどね。それから土方さんの私を見る目が違ってきましてね、非常にやさしくしてくれたんですね。その当時というのは昭和三十年頃です。金子、森、土方三人の関係は昭和の初めの頃の話ですから、言ってみれば、もう二十五年から三十年は経ってる時期ですよね。それで土方さんにすると非常に思いがけない感じだったんじゃないですか。金子さんも六十歳になっている頃です。

「青春の放浪」という題で森三千代さんが書いた文章、つまり土方さんとの三角関係のことを書いている小説があるんですよ。昭和初年のね。これは昭和二十六年に「新潮」に出ているはずですね。うかつなことに私は知らないで土方さんに会っているんですよ。森さんと土方さんの関係なんてね。うかつもいいところですよね。そんなことでだんだんとそのことを、後でまた知っていったんですけどね。三千代さんが恋人の土方さんと別れて金子さんと二人で東南アジアに出発したのが昭和三年でしょ。別れてというよりは、金子さんが森さんを土方さんの手からとり返すための旅行への出発なんですね。出発の前、森さんは高萩の海岸に行っているわけでしょ、土方さんと。一ヵ月間くらい茨城の高萩海岸で過ごしているんですよ。それで帰ってきて、東京を出発した日というのは九月一日でしょ。翌日ぐらいですよね。六日には長崎を出発するわけですよ。

森さんもずいぶん太っ腹なんだと思いますけど、このあたりにも金子さんの森さんへの深い愛情がひしひしと感じられる。それはのちの金子さんの『どくろ杯』を読んでいても痛々しいくらいですね。それでも、この上海あたりでは森さんと土方さんにはずいぶん手紙のやりとりがあるんですよ。

金子さんにしてみれば、土方さんと三千代さんのいろんな交流とかそういう手紙のやりとりが切れないものだから、まだほとぼりが冷めてないとわかりますね。しかも、もともと金子さんが森さんを旅に誘う口実は、パリへ行こう、ということだったのですけどね。でも、ほんとは上海あたりでほとぼりが冷めればもう金子さんとしては東京へ帰ってもいいと思っているわけですがね。で、これはだめだなと思ってそれから香港へ行き、南方へ行くことになるでしょう。

これも後で聞いたんですけど、森さんにインタビューした中央公論社の『金子光晴全集』の月報で、私は「ジャワを旅行されてて、もちろん手紙なんかもこなくなるわけですよね。それで土方さんへの思いというのはだんだんと薄れていきましたか」と聞いたことがあります。そしたら、そんなことありませんときっぱり言われましたね。すごいなと思ったですよ、そのとき。私だからいいけど、金子さんじゃないからいいですけど、私がドキッとするぐらいですから（笑）。ほんと金子さん生きていたらあらためてドキッとしたでしょうけどね。やっぱり森さんの土方さんへの思いはずっと続いていたんですね。片っ方でそういう思いを抱いている森さんを連れて東南アジアのあのジャワくんだりを歩いていた金子さんは大変だったろうと思いますがね。

考えてみると、そんな強烈な痛みが、金子さんの、あの「珊瑚島」をはじめとして『鮫』や『マレー蘭印紀行』以降の名作の基盤となったのでしょうね。

それで土方さんのことで言うと、別のときに森さんに聞いたんですが、その後、ヨーロッパ旅行から帰った後で一回土方さんと会ったことがあるんですね。で、新宿の喫茶店で待ち合わせて話をしたらしいんですけれども、そのときに初めて森さんは、土方さんがドイツへ向かったことを知ったそうですね、昭和三年か四年ぐらいです。森さん、金子さんがパリにいる頃です。でも、ドイツに入って、健康をそこねる。胸を患うんですね。それで土方さんはそのまま引き返してくるんです。シベリアを通っていったみたいですね、土方さんは。それを三千代さんは知らなかった、土方さんがドイツまで来ていたということね。それでそんなことを聞いてびっくりしたということです。だけれども、喫茶店で話していているうちにも、なんとなくお互いの話の間に風がスーッと流れているような感じがしてそれきり別れて、それからはほとんど会ってないんじゃないですか。そういうことがあったということを森さんから聞きましたね。

時の流れというのは人の気持ちも変えてしまう。そんな感じがしますね。ただ、土方さんは非常に好感の持てる、いい人でしたね。すてきな人でした。土方さんは三千代さんからすれば年下ですね。一番最初会った頃というのは土方さんは東大の学生だったんじゃないですか。アナーキストの旗を掲げて、ギニョール人形の上演なども手がけていて、草野心平とかの仲間たちと一緒に動いていたんですね。

金子さんといえば、私、いつも思うんですけど、三千代さんというのはすごく大切な人で、また三千代さんと土方定一さんとのことがなかったら南方への旅行もなくてすんだんですから、行かなかったでしょうね。で、パリも行かなかったでしょうね、あの時点ではね。それで、あの頃は左翼思想が文学者の間でもはやってた時代ですよね。それに金子さんはついていけないように見えたというふうなことを三千代さんは言ってますね。で、金子さんというのはなんにしてもすぐにはパッと飛びつけない性質の人なんだということを三千代さんが言ってますけれども。だからそういう人が、いったん何かをつかむと非常にしっかりつかむ。でも飛びつけない性格なものだから、左翼思想に対してなんとなく気のないような状態で動いていたのが、物足りなく三千代さんには感じられたようですね。そんなことがあって土方さんのほうに強くひかれていったという面もあったと思いますね。

土方さんは私にいつもすき焼きを食べさせてくれたんです（笑）。幾度か平凡社の仕事で稲毛海岸の土方さん宅を訪ねることがあったんですが、私がすき焼きばっかり好きなように思い込んでいたらしくて、それで松本君が来たから今日はすき焼きだと奥さんに怒鳴っていたことをよく覚えてます。奥さんもなんか非常にやさしくていい人だったですがね。土方さんの出身は名古屋の方ですが高校が旧制高校で水戸の高校を出ているんですね。幕末の剣客みたいな感じの、背はスッと高いし、なかなかいい青年だったでしょうね。

話は戻りますが、大川内さんと私が初めて会ったのは、昭和二十七年春ですね。「昭和二十七年五月に大川内令子との結婚承諾を得るため実父伝七に会いに佐賀県汐田町へ行く」となっていますが、その頃ですよね。

この頃の私は毎日新聞へ出入りしていた頃なんですね。その頃、有楽町にあった毎日新聞五階のラジオ東京受付、そこで会ったんですね。金子さんにそこへ来るように言われていたんでしょうね。そこで大川内令子さんに紹介されたんです。和服すがたのなかなかきれいな人でしたよ。金子さんの彼女かもしれないとは思いましたけれど、ただ、そのときはこれからいろいろ頼んだりすることがあるから、とりあえず紹介しておいたほうがいいということで紹介したんだ、というようなことでしたね。

令子さんとの初対面はそういうことなんですけども、ここでまた繰返しになるかもしれませんが、金子さんと森さん、そして土方さんの三人について言いますと、金子さんが例の「鮫」とかあれ以後の詩を書くためには森さんと金子さんのあの大旅行が絶対必要だった、それがなければああいった作品は当然できなかったと思われます。それと同時に左翼思想ですね。左翼的なものの考え方を金子さんが身につけていくということのために、その旅行と、それから土方さんやその仲間の人たちの存在を、ある意味じゃバネというかテコにして、後の太い骨格の作品ができていったということが金子さんの生涯にとって一番大事なことだった。その一つのきっかけが金子さんと森さんの旅行であり、それの原因となった土方さんの存在というのはものすごく大きいと言うことができると思います。

『マレー蘭印紀行』もそうですしね。で、それの裏書きになるのが、『フランドル遊記』という本があるでしょ。あれは金子さんが生きていたらそのまま発表していたかなと思うんですけど、亡くなってから原稿が出てきて本にしちゃったわけで、「T」というふうに書いてあるのが土方定一でしょうね。だからパリに滞在していた頃、恋愛のことについて森さんが土方さんのことを思う気持ちを片っ方で持っているとすれば、金子さんという人は気がつかないはずがないですよね。毎日暮らしていて。だから、そういうような思いが結局、自分がいい詩を書きたいということ、なにも社会問題や戦争への思惑でなくてもよかったんだろうと思うんですけど、もともと『こがね蟲』の詩人ですからね。でも、ああいった『こがね蟲』の資質を持っている金子さんが三千代さん、土方さんのことを経て『鮫』に書かれているいろんな開かれた問題点を、つややかな言葉で、いわばえぐり出して自分の詩の形に定着していった。あのへんの金子さんの悲しさというか、辛抱強さというか、なにかそのへんのあの人の才能を、辛いところですけれども、磨いていったすごく大きな要素がここにあるのでしょうね。

もともと金子さんはエミール・ヴェルハーレンあたりの詩に共感して、若い頃、ベルギーで一生懸命フランス語を勉強して、で、『こがね蟲』といった耽美的作風の詩を書いていった詩人ですものね。そこから関東大震災や、南方・フランスの放浪、また第二次世界大戦などもありましたけれどもね。金子さんはもともといつも話をするように頭で考えて変わっていく詩人じゃないんですよね。なにか自分の体の痛みとか、傷つきやすいところとかいうような意味での自分の関心度に根をおき、それを養分にして何かをつくり上げていった人だとすれば、すべての体験はそれなりに大変辛かったことだろうし、しかもそれをのりこえてなんとしてもやりぬきたかったことなんじゃないかなというような気がしますよね。そういう意味での金子さんと森三千代さんと土方さんというのは、なんかすごく大きな不思議な縁で結ばれた三人だったんじゃないかなという気がしますけどね。

失明

双つの貝釦がピンと弾いて死んだ。まぶたのうへに墓がのりかかる。
うすぐもりの日の、さざなみの寄る湖べり。
オルガンの重たいふたをおろして君は

みえない僕の方へ、そろそろと近づく、僕の顔が、君のぬれた頬へさはる。
——おや、泣いていらつしやるんですね。あなたは……。
——い丶え、さつき泣いてしまつたんですのよ。

なんだらう？　内側から止め処なくくづれはじめた物音は？
ゆかにがつくり膝をついて、僕はきいてゐる。

手放した信頼は、それきりもどらない。あわたゞしいものの気配は
ことごとく、僕から立去つてゆくものどもの息づれ、身のこなし。
おいもい。おいもい。なぜ僕は逃げるしほを待つて
さわさわと落附のない君の心を放してやらないのだ!
血みどろなズボンをぬぐやうに、なぜ
むげんの闇黒からすつぽりとからだをぬかないのだ!

(『金子光晴詩集』〈角川文庫〉収録)

遺書のように書き終えた連載

恋愛とか女性問題とかいろんな問題を引っくるめて、実にうまく書けたというのはやっぱり『愛情69』ですよね。それらの詩の時代が彼の最高の、いろんな意味での充実した生活の時期じゃなかったかなという気がしますね。もちろん、この昭和四十年代前半には『愛情69』の六十九篇を書きながら、一方で詩集『ＩＬ』や『若葉のうた』が出されるし、人間の在り方への強い批判と洞察の書として、評論集『絶望の精神史』『人間の悲劇』『残酷と非情』などがあって、まばゆいばかりです。その裏では女性問題ですったもんだしながらのことで、私としては、かなわないな、と思ったんですけどね。

金子さんという人は本来いろいろいっぱい書いてますし、ずいぶん小まめな人ですよね、だいたいが。ノートにもきれいに書いてね。同じものを何冊も書いて、紛失した際の用心のためにいろんな人に渡したりね。それから森さんとのことで言えば、一番最初に金子さんと会った後ほとんど毎日のように手紙がきたようです。金子さんから。その手紙というのが、なんか広告の裏に書くとか、そのときそのときで思いついたことをどんどん書いた格好のラブレターを送ったんですね。そしたら森さん自身はまたきてるとか、ほぼ毎日くるものだからほんとかいなという感じで見てもいるし、一方でうれしいということもあるでしょうけれど、それでもあんまりくるもんで、くず箱に捨てていたんですって（笑）。捨ててたら、一緒に住んでいただれかがそれを見て、切れていたのも復元してソッと襖か何かに貼ってあったらしいですね（笑）。そんなようなことがありましたよと。これは森さんに聞いたんだと思いますけどね。

森さんのリューマチのきっかけみたいなものは、戦争中に山中湖へ疎開するでしょ。あのあたりは非常に寒いんですよね。そのなかで、戦争中ですから畑の仕事をしたり、そういうのにも精出したみたいですね。で、夏はいいんでしょうけど、もともとだいたいが寒いところですから、それで身体壊したんだと。寒さが身に染み込んだんでしょうか。身体に合わなかったんですね。要するに寒すぎたんですよね。私も昭和四十年を過ぎてからですけど、山中湖へ三月のはじめ頃行ったことがあるんですよ。で、前にもお話ししたかと思いますが、金子さんたちが住んでいた平野屋という旅館に一晩泊まったんです。宿の建物は木造の二階建てです。戦前建てたそのまま残っていたんです。でも、そのとき、朝、目が覚めたらこたつの上にお茶を飲み残したのがあったんですが、そのお茶が凍ってましたね。お茶が凍る寒さというのは相当な寒さだと思った記憶があります。戦後すぐにはリューマチということはなかったんでしょうけども、徐々に悪くなっていく性質のものですから。森さんが病気じゃなかったら、大川内令子さんとの話の展開もまた変わっていったはずですしね。結局、昭和十九年の十二月から疎開して、二十一年の三月に戻ってきていますから二冬過ごしたんですね。かなり厳しかったと思いますよ。

――最近、『ラブレター』という、金子さんと大川内さんのことを描いた映画のDVDを手に入れたんです。松本さんらしい人も葬儀委員長として出てきますね。

困ったような顔しているでしょ。あれは金子さんの亡くなってしばらく後の、いわゆるロマンポルノ映画の最盛期のときの作品ですよね。歌舞伎町かなんかで私も見ましたよ、封切られたときに。金子さんと二十五年つきあってきて、あげくの果てにロマンポルノにもそれらしく登場させてもらったかと、半ば恥ずかしく、あきれもしたのですけどね。

――大川内さん役の高橋惠子さんは清純な感じの役でしたが、実際の大川内さんもお嬢さん的なものを持っている方でしたか。

そうですね、非常にお嬢さんぽい面を持っていた人です。もともとそうだったし、最後までそうだったんじゃないかしら。いわゆるお嬢さんでしたよ。だから大川内さんのことについていえば、もう三十年も四十年も前の話ですけれども、あれはやっぱり金子さんが早く離してあげなきゃいけなかったでしょう。年齢も三十歳以上も上ということでもありましたが、いや、年齢なぞは関係ない、そこがうまくいかないのが男と女だとも思いますけどね。

金子さんとはじめて会ったのは昭和二十二、三年ですから、まだ二十代。二十五、六歳ぐらいじゃなかったかしらね。金子さんは五十三歳ぐらいのとき。ほかの人と結婚するならいくらでもチャンスがあった人ですね。けれど、お互いに非常に真剣だったということも間違いないでしょうね。ただ、それがある時点までくるとやっぱりこれはだめだと、そのへんでどうしたらいいかの判断が崩れたものだから、彼女は結局、睡眠薬とかいろんなものがないと眠れないとかというふうな状況になっていったんじゃないかなと思いますけどね。

私は金子さんと知り合ってずっと最後までおつきあいさせてもらいましたが、その間二十五年です。金子さんと大川内さんは、それより二年か三年ぐらい前に会っているはずですね。金子さんが八十歳で亡くなるまでの二十七年間ですね。

一番最初はやっぱり詩を見てもらいに行ったんじゃないですか、吉祥寺の金子さんのところへ。金子さんが一目惚れしたんでしょうね、ある意味じゃ。だから、金子さんのやり方一つでどうにでもなるという関係みたいなことじゃないですか。そのへんのことは金子さん自身、半分ほんとみたいな、半分小説みたいな形ですけれども、例の『風流尸解記』にくわしく書いてますね。

大川内さんに関しては、結婚するとかしないとかいろんなことがあったんですけれども、金子さんとしては当然森さんをどうかするかという問題がありますし、やがて森さんが病床につきがちになっていくでしょ、昭和二十年代後半以降ですけどね。そうなると金子さんとしては踏ん切りがつかないということになるんですね。森さんは森さんなりにいろいろ自分で生きていける力というのは猛烈にあった人ですから、それは十分やっていけたんですけれども、病気だと動きがとれないですよね、金子さんとしてもね。森さんに対する思いというのも当然、金子さんには強く残っているわけでしょ。金子さんからも聞きましたけどね、森さんが健康だったら私は出ただろうということは言ってましたね。

私がからんでいるのは、昭和二十八年だと思いますけど、私のところへ手紙がくるんですよね、金子さんからの。私はその頃は都立大学のあたりに住んでいたんですね。そこへ大事そうな封書がくるんですよ。で、住所は私の住所なんですが名前が「大川内令子様」になっている。裏側が「金子光晴」ですね。その手紙がきて、いま郵便配達の人がこういう人いますかと言ってきていると、下宿のおばさんが聞きにきたんですよ。私としては、ごたごたの結果の手紙だとは知らない、彼女に紹介はされてますけどね。彼女は大岡山でしたね、目黒の。だから金子さんが住所を間違えて書いたんじゃないかと、判断してしまったんです。ああ、この人だったら住所はここですよと教えたわけですよ、その郵便配達の人に。それで、その手紙が大川内さんのところに渡ってしまった。渡っちゃいけなかったんですよ、その手紙は。後でわかったんですけども、運の悪いことにその前日ぐらいに私のところへ金子さんから速達のはがきがきているんですね。こういう手紙がいくからちゃんと取っておけと。で、そのはがきを、下宿のおばさんが、窓が開いていたんで飛んじゃいけないと本の間にはさんでくれていたんですね、それに気がつかなかった。それは別れ話の手紙なんです、別れてくれと言って。金子さんからね。でも、それは金子さんの本心じゃない。つまり森さんに書かされたんですね。詰め腹切らされて。目の前で多分書いたんですよね。書いて、投函しなきゃ意味がないわけですから、投函した。それで多分、目の前で住所書いたんでしょうけど、住所は私の住所なんです。

届いたのが別れてくれという手紙だったもんで大川内さんはびっくりして、吉祥寺へ行ったんですよ、これどういうことですかと言って。そこからもめ始めたんですね。それまではまだなんとなくウロウロしている最中で、昭和二十八年ですからまだあまりごたごた問題は起こっていない時期だったんです。その後、金子さんのところへ行くんですが、こっちはしまったなと思っているけど、どの程度しまったのかわからないじゃないですか。そしたらえらく金子さん不機嫌でね（笑）。そういうことってやっぱり世の中にはあるんですよ。きっかけが私だったんですね（笑）。それからあと、籍を入れるとか入れないとかっていうような問題も起こってくるんですね。

それにしても大岡山の大川内家へは、金子さんのお伴でよく遊びに行きましたね。昭和四十年代以降のことになりますが、いろいろ話がこじれてごちゃごちゃするでしょ。そうすると金子さんは、大川内さんと会うのはいいんですけれども、対で話をするのが非常につらくなるんですよね、責められるんですよ、多分ね。そうすると私が呼び出される（笑）。私と三人でしゃべっているとまぎれるんじゃないですか。吉祥寺へ私が出かけるでしょ。詩を書きましたとか何とかということで行くと、ああ、よかったねと言って、それで一緒に大岡山へ行こうかってことになる（笑）。そういうことが多くてね。彼女も半分以上わかっているんですよ。なんとなくこれは金子が困っているんだということね。森さんとの間で。だから私がいるほうが彼女も気が楽なんですよ、むしろ。私はけっこう彼女とも話が合いましたからね。やっぱり金子さんは偉いんだということで、共通の話題はいくらでもあるし。気持よく話しできますね。そういう意味じゃ金子さんと大川内令子さんとの間の、一種の緩和剤の役目としてずいぶん会いましたね。

しかし考えてみますと、詩を書いている人たちの間でも、大川内さんと知り合いだったのは、ごく一部の人たちだけだったような気がしますね。なにかの集まりの折りに顔を出すこともあまりなかったようです。たとえば「あいなめ会」の合評会などに、金子さんが彼女を連れてくるということはまずなかったですね。一回もなかったんじゃないですか。ほかのいろんな詩の雑誌の集まりにもほとんど彼女は現れなかった。ただ、ポンと別の同人雑誌の合評会とかなんかに金子さんが来るということで、私なんかも座っていたら、彼女を連れてきたことがありました。彼女がきれいな着物着てスーッと入ってきて、なんかみんなびっくりしてチラチラッと、合評会どころじゃなくなったというようなことがありましたけどね（笑）。和服が似合う人でした。

――大川内さんも金子さんも節度を持った方だったんですね。

まず表面的に顕著なことはなかったと思いますね。でなきゃ、もっといろいろ出歩いてもよさそうでしょ。で、出版記念会なんかでは、あんまりというかほとんど姿見たことないですね。そういう意味じゃわきまえていたということにもなるのか、金子さんがそうさせていたのかわかりませんがね。

その後、森さんは『去年の雪』（昭和三十四年五月「群像」）という小説を書いているんですね。自分が体の調子が悪くて寝ている状態での、金子さんらしい人物と大川内さんらしい人物にまつわる小説。仮名で書いてますけどね。そういう意味じゃ、かえってものを書くためにむしろ興味があった。葛藤というか、そういうようなものは私は表向きはなかったと思います。心の中はどうか知りませんけどね。だから大川内さんにしてみれば、森さんにもきちんと対処していたというような気はしますね。ただ、金子さんがその間に立ってちゃんと動いてくれなかったからごちゃごちゃしちゃう。時間がたつと、彼女の生活面での不如意もからんでくるということにもなりますしね。むしろ私はそばで見ていて彼女が気の毒でしたよ。

だからって私が金子さんにちゃんとしたらとは言えないでしょ（笑）。そんな、ちゃんとしたらって、どれがちゃんとしたことなんだというようなことになりますからね（笑）。みんな、いい人ですよ、大川内さんもなかなかいい人でしたよ。結局、一番最後に籍をはずすときが大変だったんですね。籍は何回か出したり入れたりしてたんですけど、それは金子さんがひとりでやったことで、私は関与してないんですけど、一番最後に、昭和三十年代の終わりぐらいでしょうね。籍を大川内さんのところから抜かなきゃいけないことになって、あのときはさすがの私もいささか緊張しましたね（笑）。大川内さんを説得しなきゃいけないんですよ。説得しないと籍抜けないじゃないですか。勝手にはちょっとできないでしょ。で、大川内さんと話をして、おだやかに話はすみましたがね。籍は大岡山の出張所にあって、手続きして、それを金子さんに渡すんですね。一応そんなことが終わって、金子さんと一緒に牛込北町かな、あのへんの区役所に行って、そこで離婚の手続きと、それから森家への入籍ですよね。朝から凩が吹く寒い日でね。よく覚えてますよ。そのあと吉祥寺に行ったとき、ほんとにお世話になってありがとうございました、って森さんからお礼を言われました。それからは籍の行ったり来たりはありませんでしたね。『西ひがし』の中に出てくるバトパパハの蛇の精の女の子は、まあ、森さんとも言えるけど、むしろ大川内さんのイメージのほうが強いなというふうな感じで私は読んでましたけどね。『西ひがし』はそのつもりで読むとおもしろいですよ。

それから、これは大川内さんとは関係ないんですけれども、「あいなめ会」の忘年会を荻窪あたりでやったことがあるんです。金子さんがまだ元気な頃でしたから、昭和四十年代の初め頃だと思うんですけど、そんな忘年会のときに金子さん十八番の余興を披露するんですよ。その一つはタコ踊り、もう一つは放火魔。タコ踊りというのは口をとんがらかして、手が八本かあるように見せてウニャウニャするんですよ。それから放火魔っていうのは、ほっかむりして、それで初めマッチで火をつけるんですよ。そのしぐさからやるんですね。マッチでバーッと火をつけて、パッパパッパパッパッ燃えて、最初は小っちゃい火でしょ。小っちゃい火で、ウワーッと、だんだんだんだん広がっていってウワーッと燃え上がるところまで全部やるんですよ。タコ踊りとセットでしたね（笑）。その二つだけでしたけどね。

歌はうたわないです。金子さんはね、音楽はだめなんです。音楽っていえばチケットなんかもらうわけですよね、新聞社とかからね。ロシアの、昔のソ連の非常に著名なバイオリニストでレオニード・コーガンというバイオリンの名手が来て、その演奏会があったんですね。と、やっぱりもうソワソワしているんですよ。だいたい興味ないんですよ。金子さんの身長は、百六十ちょっと超えたぐらいかな。私と似たようなもんです。金子さんは洋服というより着物着て出かけることが多かったですし、下駄はいていることが多いです。下駄を入口で脱いで裸足で入っていくんですね。下駄は懐へ入れて、それで見ているんですけどね。音楽を聴いていても、なんかあっち見たりこっち見たりしているんですね。金子さんの家で、たとえばなにかのレコードを聴くとかなんていうようなことは全くなかったです。たとえばそのレオニード・コーガンの時も覚えているんですけど、外に出てきてから、そのコーガンというのがおかしいって言ってね（笑）。日本

詩誌「あいなめ」は、1964年8月創刊から1970年2月終刊まで30号が発行された

人だったら大変な名前だよね、あれね、なんて言って笑ってそれで終わりなんですよ（笑）。そんなこともありましたね。

なんかおかしい人でしょ、ちょっとね。金子さんと一緒に行ったことはないんですけど、金子さんが多少とも興味を持っていたのは狂言だということでしたね。あと落語なんかは好きだったんでしょうけど、それはずいぶん昔いろいろ聞いて回っていたんで、私がつきあっていた頃は落語を聞くかなんていうことはなかったし、落語に行ったとかという話もあまり聞かなかったですけどね。

——余談になりますが、金子さんが入院されているとき、松本さんの奥さまがお見舞いに行くと、病院の看護婦さんに「いったいどなたが奥さまなんですか」と尋ねられたというお話がありますね。入れかわり立ちかわりほんとに親しそうな女の方がいっぱい現れるから看護婦さんにもよくわからなかったという。

その頃は「あいなめ」やっていたでしょ。同人の女の子たちが、先生ですから気にしてお見舞いに行くじゃないですか。そんな意味じゃ金子さんというのはいつも気楽な人ですから、わりあいみんなとホイホイホイホイとつきあう人でしょ、女の子に対しては。だから女の人たちは一生懸命なにかしてあげようとするじゃないですか。森さんは出てこられないんだし。それで、たとえば大川内さんでしょう。で、うちのおかみさん、そのほかの女性たちも行くわけですから、それで、それぞれみんな親しそうですから、看護婦さんもわからなくなったんでしょうね（笑）。間違えるのも無理ないですね、最初に軽い狭心症で倒れ、高円寺の病院に入院した七十四歳の頃でしょうか。

——『ねむれ巴里』は七十八歳のときに出たんですね。もっと早く出されていると思っていましたけれど、遅かったんですね。亡くなられる、二年前……。

あれはね、「中央公論」に連載していたんですよね。その二年前に『どくろ杯』が出てるはずですね。で、その翌年に『西ひがし』が出ている。月刊で毎号三十枚書いていたんですよ。毎号ぴったり三十枚書いて、一年連載したんです。十二回分三十枚ずつですから、三百六十枚ですか。それがそのまま単行本になっているわけです。『どくろ杯』のあとに、『ねむれ巴里』が連載されて、それが終わってすぐに『西ひがし』の連載。それでその後すぐに『鳥は巣に』ですね。だから、ちょうど亡くなる一ヵ月前に書いた原稿が最後じゃないかな。で、亡くなってから角川書店から『鳥は巣に　六道』という単行本が出ました。だから、考えてもごらんなさいよ。その四年ほどの間、『どくろ杯』を毎月三十枚連載して、それからその次続けて『ねむれ巴里』を三十枚毎月、それから『西ひがし』を三十枚「中央公論」に連載して、それから「短歌」に『鳥は巣に』を連載してそのまま亡くなっているでしょ。で、エロじいさんとか瘋癲老人とかいわれていたのがその時期なんですよ。

――世間には、言わせるだけ言わせておいて、片っ方でこれだけのことをちゃんと書いていたということなんですね。金子光晴のすごさがここにもありますね。「あいなめ」が終わったからといって、フラフラしていたんじゃなくて、きちんきちんと仕事はこなしていた。

ええ、つややかな文章でしたね、最後まで。これだけの仕事をしていたわけですから、片一方で瘋癲老人だとか言われても、金子さんはへいちゃらだった。だから私なんかが普通に会いに行っても、瘋癲老人的なところは全くありませんしね。いつも、なんか湯上がりみたいなさっぱりした格好してましたよ。その当時。毎月、三十枚の一番最後の一行まできちっと書いていました。几帳面ですね、そういう意味じゃすごいですよね。だって、これがエロじいさんとか瘋癲老人だとかいわれていた人の文章だと思えますか（章末に紹介）。亡くなるちょうど一ヵ月前の原稿ですよ。いろいろあやしげな行動も耳にはしてましたけどね。もう三十年も経つんですね。一般への遺書をしたためるようにして連載を続け、自分の体力が弱ってきているのもわかっていますよね、あの頃ね。弱いものをやっぱり守らなきゃいけないという意識が常にあったんでしょうね。それで当然、戦争に反対ということになるわけです。あたりまえなんです。あたりまえなことをあたりまえに考えて強く書きすすめていった人だったんですね。

●参考資料 『鳥は巣に』から

戦後、僕じしんは、反戦の詩ということでだいぶ世間から飴をねぶらせられたが、それは、人々が戦争にうんざりしているあいだの話で、その次に戦争がはじまれば、どでん返しで、反戦の詩人は人でなしとして足蹴にされ、あった存在まで、墨黒々とぬりつぶされるのがおちだ。一人の人間のいのちも大切だということろから反戦の主張は出発しているのだから、いのちを束にしてそのエネルギーで勝利をうる戦争にとっては、このうえない邪魔な思想だ。儒は、奉公滅私の思想だから、私を大切にするが、それは、一旦緩急ある場合に具えるためにほかならない。そして、こんどの敗戦の絶望感も、遂に、日本人の骨身に喰い込んだ儒を一つも解決していないから、日本の青年は、次にくる戦争に対しても、おなじ姿勢で、おなじ放心状態ですすんでゆくだろうし、子弟を戦場に送り出した子弟の家人たちは、さらに強力な爆弾兵器に粉砕されて、カインの末裔のようにさまよいあるくよりしかたがないであろう。そんなくりかえしのうちに、人類全体が、生きるに適当な自然の条件を失って絶滅するかもしれないが、人類も、その底までたしかに認識し、見届けたうえで生きていればなんの惜しみも悔もあるまい。

戦時中の金子光晴、そして松本亮

――戦時中、男の人だというので頼りにされて、吉祥寺では隣組とかで活躍されていたようですね。金子さんは四十代の後半でした。

そうですね。バケツリレーなんかの練習もしていたようですね。していたようですけども、日本は戦争に勝てないんだとか、やっぱり戦争がだんだんひどくなっているようだとかいうふうな、非常に悲観的なことを金子さんが町内会の人なんかに言うものだから、けっこう嫌われてたらしいですよね（笑）。自分で言ってましたけどね。戦争で勝つんだなんていうことはあの人の口からは出るはずないですものね。みんなは勝つんだという思いでいたわけですから、いやな人だというふうなことだったらしいです。それにどんどん戦争がひどくなって、金子さんが疎開先の山中湖から一ヵ月に一回くらいの割合で帰ってきたときに、バケツリレーなんかを一生懸命やると、東京にちょうど爆撃があったり飛行機が飛んできたりというようなことがあったらしいですね。だから、金子さんが来るとアメリカの飛行機が飛んでくるといわれていたというようなことを聞いたことがあります。戦争のことは気にかけるんですけど、だからってどうしようもないわけでしょう。で、金子さん自身は徒党を組むことがだいたいいやな人で、政治にもほとんどかかわりはないわけだし、前にも言ったと思いますけど、あの頃はまだ金子さんそれほど有名じゃないもんですから、特高警察も取っ捕まえにこないんですよね。

あの頃は捕まって牢に入っているというような人が、文学者には多かったでしょう。でも金子さんからは、取っ捕まってどっか刑務所に入れられたりしたというようなことは全然聞いていませんものね。ただ、金子さんの性格からいっていつもそうなんですけども、身近な人をかわいがる、弱い人たちに対する思いやりというのがすごく強い、本能的にそういうような気質を持っていた人ですよね。だから戦争に対する不安とかいやな思いとかいうのを、それはまた極めて個人的に強烈に持っていたんじゃないかしらね。

だから例の有名な話ですけども、ちょうど息子の乾さんに召集令状がくるとか、こないとかというようなことがあって、例の山中湖で松葉でいぶして乾さんに喘息状況を起こさせるわけですよね。それで召集を免れるというようなことを画策したんですね。戦争には自分の息子を行かせたくないという意識がすごく働いていて、自分の身内を守りたい、自分の手の届く範囲で、できるだけのことを考えてやった人なんじゃないかなという気もしますね。その時代の人からすれば全くの非国民ですよね。

それに、戦争に協力する詩を書くように強制されるということもなかったんじゃないでしょうかね。有名でなかったから。そういう意味じゃ、反面、運がよかったと言えば言えますしね。で、ずっとこの時期は、妹さんご夫妻が関係していたモンココ化粧品から金子さん自身も毎月給料をちゃんともらっていたんですね。その中で自分の詩を書く生活の形をつくっていったんだと思います。だから戦争中にあれだけの、言ってみればどうみたって反戦というような形になる詩を書きためていけたんですね。それが戦後になって次々と『落下傘』とか『鬼の児の唄』とかの詩集になっていくんですね。そして戦後は反戦の詩人として、たいへんにもてはやされましたよね。ご自身の意に反して。そんな時期に私なんかもお会いしているんですけどね、金子さんに。

——でも、前回言われていたように、金子さん自身も、時代が変わればまたあっという間に非国民になる立場の人間だし、世の中からの扱われ方はどんなふうにでも変わる。それもよくわかっている方でしたね。金子さんは戦争中、疎開するときにもとにかくいっぱい本を疎開先に送りますよね。本がやっぱり一番大事、ご自分の原稿はもちろんですけど。

いや、それ以外のものというのはそれほどじゃなかったんではないでしょうか。あんまりそんなことは聞いてませんね。戦争の話題からは少し離れますが、家族に対する思いやりとか心の配り方というのは、乾さんが結婚して、それから奥さんとの間に若葉ちゃんが生まれ、この孫娘に対するかわいがりようというのは、まあ、大変なものだったですね。それで『若葉のうた』という詩集が出た。あの頃、それまでは金子さんはどっちかというと硬派の詩人で、どうしようもなく超一流の存在として、いろんな意味で詩人たちから尊敬もされていたんですけど、『若葉のうた』の詩が、当時、朝日新聞社から出ていた月刊の「文芸朝日」に連載されて、それがまとまって『若葉のうた』という詩集になるんですけれども、それにがっかりした詩人たちがいっぱいいたわけなんですよ。つまり、孫娘にうつつをぬかす老爺に金子さんもなり下がったか、などとね。で、それについて金子さん自身、人間というのはいろんな面があるんだから、そんなことどうこう言うのは非常にケチな根性で、自分にとっては全然関係のないことだというようなことを、何かに書かれたりしてましたね。『若葉のうた』の詩はなかなかいいんですよね、やわらかくて。金子さんの素顔というか、金子さんの一面というのをはっきり表わしているんですね。

――戦争が金子さんに与えた傷というものがあるとしたら、どんなものでしょうか。

いわゆる戦争そのものが金子さんに与えた直接被害というようなものは、あまりないと思うんですよ。だって吉祥寺の家も安泰ですしね。山中湖の疎開先もはっきりあったわけだし、乾さんは幸いに戦場に行かなくて済んで。で、身内の方や近しい人で、戦争で亡くなったということもないんじゃないでしょうかね。そういう意味じゃ恵まれてますよね。

人のこまかいことは実際にはわからないんですけど、たとえば私自身も戦争中の人間ですけど、戦争ではほとんど直接的な傷というのは受けてないですね。話がちょっと私のことにずれますけど、こんなこともあるんだという意味で聞いてください。戦争へは私は敗戦直前に半月行ったんですよ。茨城県の海岸へ。私は大阪外大の学徒動員の学生でした。大阪と京都の間に枚方という町があって、そこに香里園というところがあるんですよ。そこに手榴弾をつくる工場がありまして、昭和二十年の入学直後の五月頃行ったんですね。それで二、三カ月いたら七月三十日にそこに召集令状がくるんですよ。私の田舎は紀州の勝浦ですから、そこに令状がいって、父親が枚方までわざわざ持ってきたんですね、汽車に乗って。それで私は和歌山県ですから和歌山市の部隊へ入るということになるんですけども、和歌山の部隊へ入ったら、いや、おまえたちはここにいる要員じゃないんだということで、洋服だけもらうんですよ、兵隊のね。で、星一つつけてもらって。陸軍二等兵というやつですね。最下位ですよね。星が一個。襟首の両側に細長い赤いビロードみたいなのが一個だけポッとあるんですよ。それが二等兵で、一等兵というのは二つつくんですよ。それから上等兵になるんですね（笑）。最初ですからとにかく星が一つくっついた軍服もらうんですけどね、もう剣がないんですよ。腰に差す剣がもう部隊内部にないんですね。靴はちゃんとありました。靴から帽子から一応洋服はあったんですけど、それで何日か和歌山の部隊にいた後、汽車に乗りました。汽車に乗ったときはちゃんと一人ずつ席がありましたよ。ギュウギュウ詰めじゃなくて、椅子に座って。どこへ行くのかわからなかったんですけど。東海道をずうっと行って、そしたら夕方近く富士山、私はそれまで田舎で育って大阪の大学に行くその頃まで東京というところ知らないんですよ。来たことなかったんですね。富士山がすごくきれいに見えましたよ、夕方で。あんなきれいな富士山、その後は見たことないですね、七十年間生きた今でも、すごくきれいだったのが印象に残っています。それで夜になっていくでしょ。するともう寝ちゃっているんですね。だから東京のどっか通ったはずですけども、ほとんど記憶がないんです。東京もどこか通り抜けて千葉県の佐原というところに行くんですよ。その佐原というところで降りて、そして利根川大橋を渡って、歩いていくんですね。けっこう歩いて、しばらく行くと潮来というところへ着くんですよ。歌で有名な潮来の小学校へ着いたんですよ。そこでみんな教室にごろ寝するんですけど、そこでも私たちはまだそこはいるべきところじゃなくて、そこで敬礼だとかそんなこと習っていたんですよね（笑）。それがもう八月の五日とか六日とかというような頃ですよね。七月の三十日に召集されたんですから。それで潮来でもウロウロして、今度はトラックに乗って鹿島灘をずうっと北上していきました。剣も鉄砲も何もないんです。もうないんです、そんなものさえもが。

――上からの指令というのはちゃんと出てたんですか。

指令ですか。出てたんでしょうね。でも、ただウロウロしているだけで、小学校にいるようにという指令があるわけですよ。そうするうちにトラックに乗るようにという指令があるわけですよ（笑）。それで行きまして、その頃はどこだかわからなかったんですけど、石岡という町。水戸のちょっと南の方みたいですね。でもその市街地は見たことがないんですよ。その石岡の近くの農家へ分散したんですね。で、農家へ分散して、そうすると農家ですからけっこう食べ物があるんですよ。もちろんその農家でご飯をつくってくれるわけじゃないんですけども、ある場所でいっぱいつくっているんですね。そこへ私たち星一つの最下級兵ですから飯を取りにいくんですよ。バケツみたいな容れ物持ってね。それで何人分ということで一山越えて向こうへ行って、そこで白飯だとか、おかずもあったし、戦時中でみんな食べ物ないんだけど、やっぱり兵隊は食べますよね。それに茨城県だから当時は食べ物はあったんじゃないでしょうかね。戦場じゃないですもの。ただ、その頃は茨城県の海岸へ米軍が上陸するんじゃないかというようなことがあったんですね。それで配備されるわけです。私の一年ぐらい前か、その先輩たちがタコツボを掘っていたんですね、海岸や山村で。タコツボでアメリカの兵隊が上がってきたら、それで竹槍か何かでやるんじゃないですかね、もう鉄砲ないんですものね（笑）。そんなタコツボが掘ってあったんですけども、どうももう掘り尽くしたみたいで、私たちにタコツボを掘れとは言わないんですよ、いっぱい掘ってもう足りているんですね。だからそのへんの農家の横っちょにちょっとした山があったりなんかして、そこを走ったり（笑）。何にも持ってないんですもの、何もすることないですよね。それでそうしたら八月十五日になるわけですよ。で、なんかこう天皇陛下の放送があるというので、それで農家へ集まってみんな立って聞くんですがね、何言っているかさっぱりわからない（笑）。全然わからない。あれ何があったのというような感じでしたよ。それでけっこう暇もありますしね。私はノートなんか持ってまして、暇なときにそのノートに詩を書いていましたよ。鉛筆だとかノートだとかそんなものは持ってたんですね。それでロマンチックな詩を書いたりなんかしてて、それを見せろとかって検閲されることもなかったですね。

非常に不思議な時間でした。トウモロコシの畑なんかいっぱいあったんですね、あのへん。それで八月の後半もう戦争が終わったというのに田舎へ帰る汽車がないんですよ。歩いていくわけにもいかないし、そのうち汽車が出るんだというので待っていて、一月ぐらい田舎にいたんじゃないですかね。そうすると秋の実りがある時期になって、トウモロコシなんかすごくおいしかった記憶がありますね。それで相変わらず一山越えて食べ物を運ぶわけですね。それが仕事みたいなものですね。そうすると、まあ、お腹もすきますから、山の陰で担いでいるご馳走をちょっとつまみ食いしたりしながら、また担いで戻ってくる。おしることかぜんざいみたいなものね、そんなものもありましたよ。

それで汽車で帰れるときは、倉庫に残っている食料や衣料などは大きな兵隊用のテントに、いっぱいなんでも包んで田舎へ持って帰ることができるというんですよ。乾パンとか、衣類があったかな。これって目ぼしいものはないんですけど、担げるものは全部担いで、それで汽車に乗って帰ってきたんですね。もう九月に入ってましたね。九月の半ば近くで、大阪に行って、フランス語の勉強をまた続けたというようなことになるんですね。で、田舎の勝浦なんていうのは駅前に爆弾が一個落っこったぐらいなんですけれども、町全体は別に焼夷弾が落ちて焼かれるとかってことはなくて、うちなんかも別になんともなかったですね。兄弟たちも別にだれが死んだとかっていうこともなかったですし。戦争が激しくなる前は潮岬にアメリカのB29といったかな、なんか爆撃機がウーッと入ってくるんですよね。入ってくるんですけども、みんな大阪とか名古屋とかあっちの方へ向かっていくんです。だからすごく高いところを飛んでいるんです。飛行機雲がすごくきれいに見えていましたね、スーッと尾を引いてね。すごくきれいなものだと思った記憶があります。

私なんかと違って、一年先輩とかは相当死んでますよ。いきなり戦地へ行かされたりしましてね。志願して行く人たちもいたわけでしょ。少年航空兵だとかそのほかいろいろ志願する、よく覚えてませんけれども、なんかシステムがあって、それに出かけている人たちは死んでますよね。でも、私は外国語大学のフランス語を受けるというふうな非国民な少年だったもんですから（笑）。田舎ですから、田舎の中学では校庭がサツマイモの畑に変わったりね。こんな田舎では学徒動員なんてものもなく、イモを一生懸命つくってたりというようなことでした。私のような者もいるんですよ。

極端です、ほんとに。だから戦争に対する実感というのは私には全然ないです。体質ということもありますが、運としか言いようがないですね。そういう時期、そういう環境に生まれついた人間の運だと思いますね。ちょっとでも早ければ厳しいところに行かされていますからね。二、三年先輩だと、中国大陸や南方で戦死したり、それでも生きて帰ってきている者もけっこういましたけれどもね。私の場合は自分が好きな中学の先生が英語の先生で、その影響下にいたもんですから、戦争に対する、何といいますか、勝たなきゃいけないんだとかそういうようなこともなかったですね。何なんでしょうね。頭の上から爆弾が落ちてきたりして初めて、これは大変だと、戦争というものを実感するでしょうし。で、自分の家が焼かれるとか、自分の身内が亡くなるとかいうことがあると、実感として戦争というのがくるでしょうね。戦場に出かけりゃなおのことそうですけれども。そんななかで、そうじゃなくて通り過ぎる人もけっこういたんですね。不思議なものだと思いますけどね。

金子さんの話からだいぶそれましたけど、金子さんにも多少は戦争の直接的な悲惨さからはずれていた面はあったんじゃないかなという気がしますね。一口に戦争体験といっても、万人万様なんですね。金子さんの場合、こうした状況が戦争中に『女たちのエレジー』の整理や『落下傘』『蛾』などのたっぷりした詩作を遂行させた大きな要因にもなっていると思えませんか。

たとえば金子さんと私なんかのずいぶん違うなと思う部分は、金子さんは戦争に対する警告というのをけっこう発した人だったでしょ。ところが私なんかは時代のせいか、人間に対する不信感というものを頭からすごく持っている。とにかく人間に対する信頼感というのを常になんか壊されていくんですね。

私もなんか暗いほうが好きなんですね、だいたい、明るいのは苦手です（笑）。なんとなく暗いなかでウロウロしているほうが好きですね、どっちかというと。それはもう個人的な性格かもしれませんけれども。だからってそんなに変に人に暗さみたいなものを見せているわけではないんですけれどね（笑）。わりあい気楽で明るいほうでしょ、どっちかといえば。金子さんもひょうきんで明るい感じだった。でも、金子さんの文章というのもそんなに明るくないんですよね。なんか絶望的なんですよね。人間にはいろんな環境とか、もって生まれたものとかいろいろなものがありますから、一概に人間がこうだというようなことは言えないんですけどね。言えないんですけど、まあ、金子さんの持っているものはまずは暗いんだけれど、暗さの中でじっとみごとに何かを、的確に表現できていたというのはすごいことだと思います。どんな暗いことを書いてもみごとにつややかに表現されていると、すごく生き生きしているじゃないですか。そういうすごさというのを金子さんは持っていて、だからそういう魅力にひかれる人が多いんじゃないかという気がしますね。

——暗くても、そこで暗さを生きている。

そうです。暗さを生きていく力というものね。それを与えてくれるような気がしますね。重ったるくなく、時には涼しげにね。金子さんの持っている力というのはそこにすごくあるんじゃないかなという気がするんですね。戦争を経ても金子さん自身は変わってないはずなんです。でも、周辺の人の変わり身の早さにすごく腹を立てていたということがありますね。それが詩集『人間の悲劇』をつくらせた一つの大きな要素でしょう。戦争中は戦争を謳歌し、ワーワーやってた人が、敗戦を境目に要するに民主主義になっちゃうわけじゃないですか。戦争なんか知らなかったというような顔をしてね。国のためでなく人のためにいろいろ働かなきゃいけないというふうになんかガラッと変わるということに対する、変わり身のうまさというものに金子さんはすごく腹を立てていたという気がしますね。

金子さんは、戦争が終わっても、そのまま我が道をいっていたんじゃないですか、そういう意味じゃ。そのままの基本的な強さ、それを生涯持ちつづけていたんじゃないかなという気がします。

松本亮が選んだ一篇⑨

若葉よ来年は海へゆかう

絵本をひらくと、海がひらける。若葉にはまだ、海がわからない。

若葉よ。来年になったら海へゆかう。海はおもちゃでいっぱいだ。

うつくしくてこはれやすい、ガラスでできたその海は
きらきらとして、揺られながら、風琴《ふうきん》のやうにうたってゐる。

海からあがってきたきれいな貝たちが、若葉をとりまくと、
若葉も、貝になってあそぶ。

若葉よ。来年になったら海へゆかう。そして、ぢいちゃんもいっしょに貝にならう。

（詩集『若葉のうた』収録）

金子光晴のそばで二十五年間過ごして

――新聞（朝日新聞03年10月2日付夕刊）で「恋多き妻の不倫小説　夫の金子光晴が代筆」という見出しで、森三千代さんが残した未公開日記が見つかったという記事が出ていました。

まずね、森さんの日記がそんな神田の古書店でどうして見つかったかなと思うんですよね。ふつうは出まわらない、そんなのね。あの記事の後、なんとなく知り合いのところ一、二カ所に電話しましたら、どうも出版社からじゃないかと。それ以外考えられないというような感じですね。だから編集者の手元にいってて、それがずいぶん時間が経っちゃって、それで神田へ出たんじゃないかというふうなことでしょうか。まあ、金子さんも森さんも日記とか、ノートとか、お互いに全然別々にずいぶん書かれた人たちなんですよね。だから何かの拍子にこういうようなものが外に出てもちっともおかしくない。この記事でコメントしている堀木正路さんは、もともと森さんとも親しく、森さんの伝記みたいなものを書こうともしていたんですね。そんなことで森さんから託されている日記を七冊も持っているということなんですよね。この間ちょっと電話したんです。無駄話もなんですけども、ほんとに持ってるの、と聞いたら、いや、持っているんだけど、うちは家がぼろで雨漏りしちゃってもうぼろぼろになっちゃった。読めなくなってどうしようもないんだよ、と言ってましたね。昔のインクというのはあんまり濃くないですよね、紙にしても雨にでもあったらくっついてはがすのが大変でしょうし、ちょっとね。まあ、世の中、もったいないことっていっぱいあるんです(笑)。きちんと保存されるというのはなかなか大変なことです。それにしても、金子さんは記事になりやすい人ですね。浅草のストリップ小屋に入り浸って、ちゃんとその踊り子たちと一緒に撮っている写真なん

昭和42〜43年頃、伊豆旅行に。左が松本亮。
(撮影/松本信子)

かも当時の週刊誌に載っているんです。そんなことでエロじいさんと書かれたり。それをまた得意がってましたからね。今の詩人はみなけっこう真面目になって面白くないんですけど、金子さんは俗な意味で有名になる要素というのがすごくあった詩人ですよね。かつての詩人は多かれ少なかれそういう面があったようですけども、金子さんというのはちょっと珍しいぐらいいっぱいそうした材料があった人なんだなと思いますね。そうですね。金子さんの場合、これからでもいろんな新聞種がぞろぞろ出るかもしれませんよ。

金子さんが亡くなった頃から中央公論社の『金子光晴全集』が出始めたんですよね。その前から話はもちろんあって準備はしてたんですけども、金子さんは第一巻を見てないんですよね。間に合わなかったんですね。第一巻が間に合わなくて、それでずいぶん売れたものですから金子さんは悔しかったでしょうね（笑）。第一巻なんか一万五千部ぐらい売れたんですよ。それで全十五巻でしょ。最終巻でも一万部を切らなかった。全集でそんなに売れたというのは大変なものですよね。

――先の新聞に「屈折した夫婦愛を浮き彫り」と書かれていますが、お二人の間に屈折といったものを感じたことはありますか。

屈折というのは、どういうことを指すんでしょうね。実際にご本人たちをそばで見ていると、まあまあ、ごく自然だったと私は思います。でも、一般から見ると屈折したように見えるんでしょうね。この新聞にもありますけれども、代筆するということがあるでしょ、あやしげなことでも、金子さんがね。まあ、それは別として、代筆するということはけっこうあるんですよね。早い話、森さんの作品に『国違い』というのがあるでしょ。それからもう一つ『帰去来』というのがあるんですよ。その二つはパトパハでの話なんです。森さんの本文にも一番最後に、この話は金子光晴からもらったというふうな断り書きは一応入れられてますけどね。なんかそのへんはどうも金子さんがだいたい書いているんだということでしたよ。森さんの文章とは違います。そういうふうなことが、この夫婦の中ではごくあたりまえに存在したようですね。戦後になって森さんのリューマチが悪くなり、手が不自由になりますから、やっぱり口述筆記とかいうふうなことも多くなるでしょうね。そんな意味での代筆というのはけっこうあったと思います。

森さんがいつも言ってたことなんですが、金子さんの持っている、ものを書く表現力ね。これはかないませんよと言っていました、いつも。ほんとすごい文章を書く人だということで。完全に脱帽してましたね、森さんがね。金子さんは森さんの男性遍歴に対して、それは悔しい思いもずいぶんしたでしょうけども、その悔しさがバネになって自分の作品ができているんだということは百も承知だったのではないでしょうか。

ちょっと話が変わりますが、金子さんの詩が作曲され歌になるということはほとんどなかったですね。一度、金子さんから聞いたんですけど、團伊玖磨が金子さんの詩を作曲したいということでいろいろ苦労してくれたんだけれども、どうも金子さんの詩はいろんな要素が入り込んでいて、曲になっていかないんだというようなことで、結局できあがらなかったということです。私が知っている範囲では一つ。林光が、これは『鬼の児の唄』に入っている詩だと思うんです。「骨片の歌」というのを作曲したのがあるんですけども、なにしろ「骨片の歌」ですから歌い上げるような内容じゃないですね。サトウハチローだとか佐藤惣之助とかは流行歌がうまいんですよね。歌詞を書いてそれが歌になってすごく稼いだ。それが金子さんはなんかうまくいかなくて、稼げなくてね。それも悔しい原因の一つですね。阪神の「六甲おろし」なんて佐藤惣之助の詞なんですよね。サトウハチローも、もちろんその筋の専門家でしょ。ちょっと先輩では西條八十とかね。そういう人たちがそばにいて、自分のは歌にならないし、また、あえてそうした種類の歌を書こうともしない。書こうとしたのかもしれないですけども、歌になっていかなかったということなんですね。

身体つきといえば、金子さんは関節がすごくやわらかそうな感じの人でしたね。ぐにゃぐにゃしてる。酒もタバコもやらない。そういう習慣の全くない人なんですよね。ふつう金子さんの詩なんか見ているると、けっこう酒のいける人みたいに見えるでしょ。

ただ、酒を飲む場というのはあの人いやがらないですよね。人が飲んでいるのは。それをよく見ているんですよね、観察してるというんですかね。なんかそういうことをする人で、すごく目がよかったんですね。金子さんは七十九歳でしょ、亡くなったの。数えでいくと八十歳ですか。ものを読むのにメガネなんて生涯かけなかったんじゃないかな。金子さんがメガネを取り出すのを見たことないですね。目はほんとにしっかりしていた人だと思いますね。

それからジャワのことで言いますと、金子さんのほうは南方なんていうのは二度と行きたくないような雰囲気でした。ああいう旅行でしたからね。一方で森さんはジャワにはすごくいい感じを持ってらしてね。私が影絵芝居をやっているというのを知ってたものですから、うちでちょっとやってみませんかなんていうような話が出て、ひょっとするとあの吉祥寺のお家でワヤン上演なんてことになったかもしれません。影絵芝居というのを森さんはバタビアの路上というか、どっかで見ているんですね。本にも書いてますね、森さんは。だからそういうふうなことで森さんはほんとに懐かしげにジャワの話をしてましたね。全然、金子さんと違う旅行しているんですよね、一緒に旅行しながらね。あれだけ同じ旅行しながら違う雰囲気でというのは信じられないぐらい。お二人の本を読みくらべてみると、お互いが勝手に一人旅をしたとしか見えない。物書きというのはこわいものですね。

最後に金子光晴という人の成り立ちを考えてみますとね、おおざっぱな言い方で申し訳ないんですけれども、まず金子さんの資質とか何かをつくっていったのは、金子さんもよく言ってますけど、自分が子供の頃、養子にやられたんで、親に捨てられたという気持ちをすごく感じたことにあるようですね。それがいつまでも金子さんの意識に残っていたんじゃないかな。よそのうち、つまり清水組の名古屋支店長のところへもらわれていったというのがまず一つのポイント。口減らしのために養子にやられたんだというようなことをどっかで書いたのを見たことありますけども、それが最初のポイントでしょうね。

それに、もらわれていった先の家にはふんだんにお金があるんですね。だからいつでもお金が手元にあって不自由しないで育ってきたというのが、第二のポイントだと思いますね。奔放な学生時代を過ごして、その流れの中で最初の洋行があるわけですよ、ベルギーへ行く。骨董屋のおじさんに連れられてね。金子さんはもともと暁星中学に行って、そこでフランス語の基礎を身につけているんです。それでベルギーで、ヴェルハーレンとかあのへんをじっくり読んで勉強したんです。ブリュッセルのルパージュさんという人のところで、金子さんにしては珍しく一生懸命勉強したということの時期が、あの人なりの何かをつくるためのすごく大きな転機となったんですね。これがいわば第三のポイントでしょうか。

その勉強がもとになって、例の『こがね蟲』ができるわけでしょ。『こがね蟲』の中に、金子さんのある意味での本質がばっちり出ていると思うんですね、あの耽美主義的なものが。パルナシアンの影響ですよね、ヴェルハーレンのね。その中での耽美主義。その形があの『こがね蟲』に出てくる。で、『こがね蟲』で金子光晴という一つの個性が確立したと私は思うんですけども、その直後の金子さんを大きくゆさぶったのはやっぱり関東大震災でしょうね。関東大震災というのは私たち経験してないわけですけど、その頃、東京に住んでいた人たちの気持ちを根底的に変えていったみたいですね。

その関東大震災が第四のポイント。『こがね蟲』が出てすぐでしょ、関東大震災。『こがね蟲』が大正十二年の七月に出ているんですね。それで九月一日が関東大震災なんですよ。

だから多少とも、たとえば批評が大々的に出て一時的にせよマスコミの寵児になるとか、人に多少とも認められようとしたのが、関東大震災で全部ぽしゃっちゃうわけですよ。関東大震災が金子さんの『こがね蟲』の耽美主義を突きくずすんですね。こんなところに人間の運命の、そして金子さんの屈折した文学の第一歩が刻まれるという不思議さを感じざるをえないのですがね。この年の終わり近く、知人をたよって名古屋や大阪を転々として、後にまとめられる『水の流浪』の詩稿を精力的に書きためるんですね。この『水の流浪』には、金子さんの『こがね蟲』からの移行がはっきり出てきますよね。『水の流浪』は私の大好きな詩集ですけどね。後々のいろんな金子さんの要素がいっぱい出てくるんですよね。いろんな意味で『こがね蟲』の資質はずうっと最後まで引きずるわけですけどね。

森さんが現われるのは大正十三年のようですね。大正十三年の三月に、初めて森さんが金子さんに会うわけですよ。このときは吉田一穂と恋人だったたんですけども。それ以後、森三千代さんとの恋愛、また、森さんの他の男性との恋愛関係というようなものが金子さんを右往左往させるわけなんですがね。それで戦争があって、戦争中はこの前お話ししましたように、わりあいどうということもないと言ったら怒られちゃいますけどもも、大した問題じゃなかったようですね。お金の面でも恵まれていますしね。

こうして金子さんの戦前生きてこられたポイントを辿ってみましても、あらましを摑むということになると、やはりまあ無理なんでしょうね。それは金子さんに限ったことでなく、万人の一人ひとりについてもそうなんでしょうけれど。金子さんは少なくとも、反戦の詩人というより、わけのわからん「反骨の詩人」ではあるでしょうね。なんなんだろう、この人は、という意味では摑みどころのない、しかもどうしようもなく面白い人だったと思います。私なんかはそばでずうっと二十五年間もつきあってきましたけれど、亡くなってから、生きている間には金子さんをそんなに知らないでいたのでは、と思いましたね。右翼、左翼からの依頼も断らないでなんでも書いていたから、ずいぶんと忙しかっただろうなと。喫茶店とか、電車のプラットホームでもしこしこと書いていたんですね。喫茶店で書いているところを写真に撮られて、週刊誌に載ったこともあります。吉祥寺のさかえ書房の前の路地を入ったあたりの喫茶店によく行ってましたよ。

松本亮が選んだ一篇⑩

六道

ともかくも人生のむかうに
ひろびろとしたものが拡がり、
洲のやうなその鉛のうへに、
一羽、翔《と》んでゆくものがゐる。
ゆきつく涯は、ないかもしれない。
とんでゆくものと、映る影と、
どちらもちひさくてみえなくなり、
そのあとに十年が経ち、二十年が、

もつとながい歳月がすぎてしまひ
見送る者は骨になり、佇んだまま、
ときがきて、がさりとくづれ、
さらにながいときが来て、過ぎ、

十万年がすぎたときも、それから
一億年がすぎたときも、おなじで、

ずんべらばうの地平か、水平線か
なめらかな泥の、濡手拭ひのやうに、
重ねたものをさらに折り畳み、
それだけでまた、何万年経つが、

とんでもないところからがばごぼと、
最後の水がおとされる音もきこえず、
風できしるものも、はためくものもない。
地球は、黙らうとしてゐるのだ。

――洗濯はもうすんだのですよ。
――床《ゆか》掃除もきれいに片付きました。

かたるものもないのにきこえてきて、
乱聴のある僕の耳をうたがはせた。
なる程、この際涯を飛立つていつて、
なに一つかへつてきたものはない。

ここから猶、十五昼夜もかかつてゆき、
またそれ以上かかつて戻つた者の話では、
そこにはいくつかの水たまりがあり、
こんなものをそこで見付けたといふ。
それは、そゝけた老女の髪の毛と、
なかに砂利の入つたたたひら貝であつた。
そのほかは、こことまつたく同じで、
太陽や月とはまつたく縁のなくなつた
燐火や、星明りでもない。闇《くらやみ》ながら
心の底のやうにすみずみまでみえる、

赤銅魚子《しやくどうななこ》の双唇の左右の外側の、
汗ばんだ窪が、会陰《ゑいん》に届くあたり、

長靴などでは辷つて歩ける所ではない。
そのへんもまた水たまりがあり、螺《にし》等が

水泥《みどろ》や、人の毛などに絡んでゐさうだ。
なにか水底にゐるのか、僕のすぐ前で、

肢体の延々とした若い女が、腰を曲げ
前身を折り屈《かが》んで両手を水底に突込み

その下に僕がしやがんでみあげると、
彼女の白蠟の股のわかれめに、薄焦《こげ》に、

襞目《ひだめ》正しく、引締めた肛門がみえた。
みてしまつたことに戸惑ひながら僕は、
清新で美しい、それをみてゐたかつた。
『そこからなにかとれるのですか』
きはめてなにげなく問へば何も気付かず。
『昔ここらで失くしたものが諦めきれず、
女の性といふのでせうか』と僕を振返つた。
『いいえ。男だつて同じですよ。現に、
この僕だつて、石炭殻《コークス》のやうになつて、
ここ十年、おとづれを捜し廻してゐるのです。何つて？

わらはないで下さいよ。それは、この世から六道輪廻のはじまる入り口なのです。』

『まあ。さういふことが、本当にあるのですか。』

『あるとおもつて、けふまでは来たのですが……』

『ええ。ええ。わかりますわ。それはあるに決つてゐますわ。でも、たいへんなことね。どこから入つてゆけばいいかさがすことは……』

『ええ、でも、それが……』と僕はつゞけて、

——あなたのなかに、たつたいま、その緒《いとぐち》をみつけようとしたところですとは、あかし兼ねた。彼女の内臓のなかでいまや、煮え沸《たぎ》つてゐる八大地獄。

あなたの肌にそよぐ死。その死のエキス。
半透明な冷たい溶液。淫蕩な処女のあなたの、

こまかい皮膚のよぢれとめぐりあつたとき、
彼女の処女膜に梵字絡みに走つてゐる
逞しい静脈をかいまみたとき、

天動説が地動説に変つたときほどにわななき、
分別を、失ひ、だが、
恋愛などとはおもひもよらなかつた。ただ、

眼の先に匕首の尖先《きつさき》が閃めいた。そして
彼女の内容《なかみ》に入り込むには、
鑵《くわんき》切りでばりばり開くよりしかたがないとおもつた。

さうだ。こちらの指も、創で血だらけになつて、
彼女もまつたく気付かずにゐる、彼女の
なかののたうつ六道をつき止めねばならない。

彼女といふ隘路から、もう一度、青空の
切れ端《ぱし》をみあげ、
兇悪な三白眼の、どぎどぎとした危険物
にこの眼を灼きつぶさねばならない。

空の奥は、ふかい闇で、思想家たちは
そこには虚無しかないと考へつづけた。
なる程、この思想の根源は、漆でみがきあげられ、
僕らを映し出しはすれ、そこから始まる

存在が姿をみせないので、
どれほど透徹してみせても、僕らは扇を
ひらくやうに、映された人間の処作をやるしかない。

（「短歌」昭和五十年八月号掲載）

七十二体の仏像

山本かずこ

雨期が終わって間もなかった。緑は水をたっぷりと蓄えていて、深い。ふと我にかえると、「インドネシアには一〇〇回以上は来ています」という松本亮・信子ご夫妻と一緒に旅をしているのは、私であった。旅立ちの前、家人からくれぐれも言われた。「足手まといにならないように。とにかく水に注意して、よくよく自覚して行動しなければ」と。本当に、と私は深く頷いた。日本にいても食あたりが人一倍なので、熱帯地方は要注意なのである。しかも初めてのインドネシアだ。二〇〇四年四月。日本はまだ肌寒い季節であった。

バリ島から入り、ソロ、ジョグジャカルタ、ジャカルタと旅をした。旅のきっかけは、詩人の金子光晴である。今から七十五年前、彼は夫人の森三千代さんとこの地を訪れているが、その彼が歩き、見たものを訪ねる旅であった。

日本ワヤン協会の主宰者でもある松本亮氏はまた、詩人金子光晴と深交があった方としても知られる。約三年間、定期的にご自宅にお邪魔して、松本亮氏から金子光晴の話をうかがう機会を持つうちに、今度、私も一緒に連れて行ってもらえないだろうか、一緒に連れて行ってほしい、一緒に連れて行って、となってしまったのである。

周知のとおり、インドネシアは、ほとんどがイスラム教徒である。しかしながら、ピンクのベールで頭髪を覆った女性が、バイクに跨っている姿には意表をつかれた。ベールをパタパタと風に靡かせながら、信号待ちで停まっている私たちの車をすいすいと追い抜いて行くのであった。その姿を私はよっぽど気に入ったのだろう。今でも時時思い出す。

ボロブドゥールの仏蹟（撮影／山本かずこ）

ベールはこの時、イスラム教徒の重苦しいお約束事というよりも、マスクのような役割を果たしているように思えた。異性の眼差しから身を守るのではなく、頭髪やら肌を埃や乾燥した空気から守っているのではないだろうか、という観察は、旅人の、あまりにも楽観に過ぎる感想だとお叱りを受けるとしてもである。

その土地に、世界でも有数の仏教建築があるのだった。ボロブドゥール。八世紀から九世紀にかけて建設されたのだそうだ。ここには、合計七十二の仏座像と、同じく七十二の仏塔が配置されている。しかし、首がもげているものやら、腕がもげているものなど、痛ましい仏様が多い。金子光晴はこの仏様たちに呼びかけるという形で詩を書いているのだが、当時はまだまだ仏様も健在だったはずだ。

ボルブドール仏蹟にて　　金子光晴

　石廊をめぐつて
ほとけよ。
君達はなにをしてゐる。

へんな腰つきをして、
からだをひねつて、
手足がもつれあひ、なにか必死に
君達のかかりあつてる

それは、いつたいなにごとだ。

熱帯の青虫くさい
しんとした碧空のしたで、
静けさが湧いて
虱の群のやうに
ふるぼけた石の面を
匍ひまはる。

煩悩の蝶つがひの
人間のコッピィにすぎぬ
柔らかなほとけよ。
石のまはりを羽ばたく
白い蝶　蝶。
またぴつたり身をつけて

僕たちを見送る群像たち。

ほとけの欠け鼻を
ステッキでつつきながら、
一旅行者、僕は、
君達にたづねる。

千年前の姿態で
ふくらんでる君達の胸は、
なにをおもふ。
蒸発した酒の香か。
ぬれた唇か。
風になつて
消えうせた思想か。
人間とともに

亡びた唄か。

この詩では、直接、仏座像については触れていないが、壁画の仏様にしても、当時欠けていたのはせいぜい鼻ぐらいだったようだ。それに較べて二十一世紀初頭のボロブドゥールは、正常なままで残っている仏様を捜す方が難しいほど、心ない者の悪意を浴びて破壊されている。かつてあったはずの、欠けてしまった指を両の膝に置いて、仏様たちは世界の平和を願っている、と私には思えた。我が身は無惨にさらされても、決して平和を諦めることなく。さながら七十二体の殉教者の姿であった。

（「苑」〈株式会社大塚発行〉二〇〇四年号掲載）

聞き手あとがき

松本亮さんに初めてお目にかかったのも、最後にお目にかかったのも、八幡山のお住まいだったことになります。二〇〇〇年秋のはじめ、友人であり紹介者でもある相良高子さんと八幡山駅近くの喫茶店で待ち合わせた日のことを今も覚えています。「今日は、近道を通るから、初めての人にはわかりにくいかもしれないわね」と住宅街の中を縫うように進んでいって以来、三ヵ月に一度の割合で、通い続けた道となりました。

「詩の雑誌midnight press」の二〇〇一年春号（十一号）から二〇〇三年冬号（二十二号）までの連載が、このたびやっと一冊にまとまることになりました。松本亮さん、ほんとうに長い間、お待たせいたしました。

本来ならば、この「あとがき」は、松本さんご自身で書かれるはずでしたが、松本さんの急逝に伴い、僭越ではございますが書かせていただくことになりました。

二〇一六年十二月に最後にお会いした段階で、ほぼ手直しはなく「このままでいいんじゃないですか」と仰っていただいた言葉を手がかりに、最終的な読み直しを進めていくに連れて、松本さんの金子光晴さんへの思いがあらためて伝わってきました。松本さんは、金子さんのことが大好きだったのだ、といまさらながら思いました。連載当時、金子さんが亡くなり、すでに二十数年は経っていたわけですが、言葉のはしばしから、懐かしさと共に敬愛の情が伝わってくるのを感じました。松本さんは私を相手に話すことで、再び、金子さんにあっていたのだと感じました。それは、思うに、至福の時間であったに違いありません。連載時には「素顔の金子光晴」という表題でしたが、読み直しを終える段階で、これしかない、「金子光晴にあいたい」、この表題しかないと思いました。松本さんは、金子光晴にあいたかったのだと思います。

そして、私もまた、実際にはおあいしたことはありませんが、金子光晴にあいたい、と強く思いました。生涯を通して、あらゆる権威とは無縁に生きた、詩人としては当たり前のその生き方が、いまこそ、とても素敵だと思えたからです。

金子光晴というほんものの詩人に、松本さんを通して出会えた幸運を思うとき、読者におかれましても、ぜひ、金子光晴に出会ってほしいと思わずにはいられません。

松本亮さん、ほんとうにありがとうございました。

二〇一八年八月

山本かずこ

松本亮（まつもと　りょう）

一九二七年一月二十一日、和歌山県生まれ。南紀州の海辺に育つ。大阪外国語大学フランス語学科卒業。一九五一年。金子光晴を訪ね、一九七五年金子氏が亡くなるまで親交を続ける。一九六八年、インドネシアを初めて旅する。一九六九年、日本ワヤン協会を設立、主宰。一九九八年、インドネシア共和国大統領より文化功労勲章を受ける。二〇〇五年から二〇一一年まで、七年連続ジョクジャの諸会場、ソロのマンクヌゴロ王宮で、創作ワヤンの上演を続ける。二〇一七年三月九日、多臓器不全のため、和歌山にて死去。

詩集に『運河の部分』（西川書店）『ポケットの中の孤独』（ユリイカ）ほか。著書に、『ジャワ影絵芝居考』（濤書房）『マハーバーラタの蔭に』（八幡山書房）など多数。二〇一七年七月『金子光晴の唄が聞こえる』（めこん）が刊行される。

山本かずこ（やまもと　かずこ）

高知県生まれ。詩人。随筆家。詩集に『渡月橋まで』『思い出さないこと　忘れないこと』『いちどにどこにでも』（以上、ミッドナイト・プレス）、『リバーサイドホテル』（マガジンハウス）など多数。随筆集に『日日草』（北冬舎）。聞き書きに辻征夫『詩の話をしよう』（ミッドナイト・プレス）。マガジンハウスなど、雑誌記者を経て、現在に至る。表千家流茶道講師、日本古流華道教授。

本書は、「詩の雑誌midnight press」二〇〇一年春号（11号）から二〇〇三年冬号（22号）まで連載された「素顔の金子光晴」を改題して一冊にまとめたものです。

ミッドナイト・プレス

金子光晴にあいたい

二〇一八年十二月二十四日第一刷発行
著者　松本亮
聞き手　山本かずこ
装丁　大原信泉
発行者　岡田幸文
発行所　ミッドナイト・プレス
埼玉県和光市白子三-一九-七-七〇〇二
電話　〇四八（四六六）三七七九
振替　〇〇一八〇-七-二五五八三四
http://www.midnightpress.co.jp
印刷・製本　モリモト印刷

ISBN978-4-907901-15-8